★ 教育部人文社会科学研究一般项目“基于相对风险分担的产业集群供应链企业协同创新收益分配机制研究”（15YJC630085）研究成果

★ 大连交通大学学术著作出版基金资助出版

集群供应链企业协同创新的收益分配研究

基于相对风险视角

吕　璞◎著

知识产权出版社
全国百佳图书出版单位
—北京—

图书在版编目（CIP）数据

集群供应链企业协同创新的收益分配研究：基于相对风险视角/吕璞著. —北京：知识产权出版社，2020. 6

ISBN 978-7-5130-6941-0

Ⅰ. ①集…　Ⅱ. ①吕…　Ⅲ. ①企业管理—供应链管理—收入分配—研究　Ⅳ. ①F274

中国版本图书馆 CIP 数据核字（2020）第 085912 号

内容提要

本书主要研究集群供应链上企业协同创新的收益分配问题，主张按企业承担的风险大小进行收益分配。但集群供应链上核心企业与配套企业在风险承受能力上的差异，使得它们即使在创新中投入相同，其各自所承担的实际风险也不相同。因此本书提出从相对风险的视角进行收益分配。相对风险与企业的风险承受能力和协同创新项目本身的风险大小有关。本书研究了集群供应链企业协同创新项目风险和企业风险承受能力的评价度量方法，并在此基础上设计了基于相对风险分担的收益分配机制。为集群供应链中不同风险承受能力的企业之间协同创新的收益分配问题提供了理论参考。

责任编辑：韩　冰　　**责任校对**：谷　洋

封面设计：回归线（北京）文化传媒有限公司　　**责任印制**：孙婷婷

集群供应链企业协同创新的收益分配研究

基于相对风险视角

吕　璞　著

出版发行：知识产权出版社有限责任公司　　**网　　址**：http://www.ipph.cn

社　　址：北京市海淀区气象路 50 号院　　**邮　　编**：100081

责编电话：010-82000860 转 8126　　**责编邮箱**：hanbing@cnipr.com

发行电话：010-82000860 转 8101/8102　　**发行传真**：010-82000893/82005070/82000270

印　　刷：北京九州迅驰传媒文化有限公司　　**经　　销**：各大网上书店、新华书店及相关专业书店

开　　本：720mm×1000mm　1/16　　**印　　张**：13.75

版　　次：2020 年 6 月第 1 版　　**印　　次**：2020 年 6 月第 1 次印刷

字　　数：205 千字　　**定　　价**：79.00 元

ISBN 978-7-5130-6941-0

前言

PREFACE

集群供应链作为产业集群和供应链耦合而成的复杂网络组织，已逐渐成为推动区域经济发展的重要力量。随着市场竞争的加剧，技术创新已成为产品赢得市场竞争和保持竞争优势的重要武器。由于集群供应链上企业彼此间存在密切的联系，因此企业间协同创新已成为提高集群供应链整体竞争力的重要手段。对协同创新而言，合理有效的收益分配机制是企业参与协同创新的重要前提，也是激励企业达成创新目标的重要手段。因此，收益分配研究对集群供应链企业的协同创新具有十分重要的意义。

创新本身是一项高风险的经济活动，因此，合理的收益分配机制应该使企业在协同创新中所承担的风险与其所获得的收益能够尽可能地相互匹配。但是集群供应链上核心企业与配套企业在风险承受能力上的较大差异，使两者即使在协同创新中投入的资金、资源与努力程度都相同，其所承担的实际风险也不同。因此，本书提出从相对风险分担的视角来对集群供应链企业协同创新进行收益分配。相对风险是指相对于企业的风险承受能力，企业所承担的实际风险。它与企业的风险承受能力和协同创新项目本身的风险大小有关。本书的研究涉及三个主要问题：如何评估和度量协同创新项目本身的风险？如何评估和度量企业创新的风险承受能力？如何设计基于相对风险分担的收益分配机制？针对以上问题，本书的主要研究内容如下：

（1）集群供应链企业协同创新的风险度量研究

该研究提出了一套针对集群供应链企业协同创新项目的风险度量方法体系。首先，针对集群供应链协同创新的特点，从外部因素、集群因素、协同创新主体因素和协同创新资源因素四个方面对协同创新风险影响因素进行识别，构建了风险因素指标体系。其次，结合层次分析法和熵值法，通过非线性规划模型求最优解方法得出组合权重值，并采取物元可拓方法，对协同创新风险进行建模度量。构建一套基于组合赋权的物元可拓风险评价体系。最后，结合实际数据对该方法体系进行了应用研究。

（2）集群供应链企业创新风险承受能力度量研究

该研究提出了一套针对集群供应链企业创新风险承受能力的度量方法体系。首先，针对集群供应链企业特点，从外部环境、公司治理、财务状况、风险经历及应对措施四个方面对企业创新风险承受能力的影响因素进行分析总结，构建了风险承受能力评价指标体系。其次，通过层次分析法确定主观权重，通过熵值法确定客观信息效用值，借助客观信息效用值对主观权重进行改进，获得综合权重值，并在此基础上使用多层次模糊综合评价法，对企业风险承受能力进行建模度量。最后，结合实际数据对该方法体系进行了应用研究。

（3）基于相对风险分担的收益分配机制研究

该研究针对集群供应链企业协同创新，提出了基于相对风险分担的收益分配机制。首先，针对集群供应链企业的协同创新问题，在考虑创新项目风险的基础上，构建了未创新与协同创新两种情况的斯坦伯格博弈模型。其次，对相对风险进行了界定，并对其进行了模型化表示，进而构建了基于相对风险分担的收益分配机制。再次，给出了无分配机制、平均分配、按投入比例分配情况下的收益分配方案，并将这三种情况与基于相对风险分担的收益分配机制进行比较，进而对该机制的效果进行评价。最后，通过算例分析对所得结论进行了分析验证。

全书主要由吕璞完成撰写，其中一些章节由吕璞和其指导的研究生共同完成，各章节撰写情况分别是：第 1～2 章由吕璞完成，第 3 章由吕璞、韩美姝完成，第 4 章由吕璞、张梦影完成，第 5 章由吕璞、马可心完成，结论由吕璞完成。吕璞负责全书审核。本书是教育部人文社会科学研究一般项目“基于相对风险分担的产业集群供应链企业协同创新收益分配机制研究”（项目号：15YJC630085）的研究成果，并得到其资助。此外本书的出版还受益于大连交通大学学术著作出版基金、国家自然科学基金（项目号：71971036）和大连市重点学科重大课题项目（项目号：2019J11CY002）专项资金的资助，在此一并表示感谢！

本书可以为政府及相关企业的管理者提供决策参考，也可为高校、科研机构相关人员进行学术研究提供参考借鉴。

目　录

CONTENTS

第 1 章
绪　论

1.1　研究背景

本研究主要在以下理论与现实背景下展开。

（1）集群供应链逐渐成为推动区域经济发展的重要力量

近年来，随着国内外对产业集群和供应链研究的深入，人们越发认识到这两种组织形态能够为企业乃至区域经济带来竞争优势。从本质上来讲，产业集群可以看作是由集群内企业所在供应链集合而成的，而供应链的发展不断促使产业集群的扩张与壮大。两者相互促进、相辅相成，产业集群与供应链这两种战略形式的有机结合受到了人们的广泛关注。

产业集群作为一种区域性经济现象广泛存在于国内外，例如美国底特律汽车集群、硅谷的电子产业集群、意大利的传统产业集群以及我国北京中关村的 IT 产业集群、义乌小商品产业集群、广州服装产业集群等。产业集群以其“集聚性”的区域组织形式，为经济的快速发展提供了驱动力。然而，产业集群在推动经济发展的同时也存在着一些问题，集群内部的企业只是相对地域性的集中，不具备完整的产业链，产业价值链增值缓慢，创新能力较弱，抗风险能力也较差。这些问题的产生促使一些学者开始从供应链的角度研究产业集群。供应链是一个系统，通过人、财、物、信息将供应商、制造商、销售商直至最终客户串联起来，是一个功能性的网链结构，同时也是一条增值链。而供应链管理是以同步化、集成化生产计划为指导，以信息技术和网络技术为依托，围绕需求管理、采购供应、生产作业、物流支持、订单交付来实施的，最终达到提高用户服务水平，降低总的交易成本。通过对供应链的管理，产业集群企业能够更好地细化各自的分工，优化产业结构，避免造成集群企业在组织结构上的恶性竞争。所以，以产业集群为基础，通过供应链管理基础理论来研究集群供应链的管理成为一个能够推动集群企业发展的重要课题。

集群供应链作为产业集群与供应链耦合而成的新型网络组织，逐渐登上区域经济市场的舞台。自 21 世纪以来，国内外很多学者从各个方面对集群供应链进行调查、分析与研究，在很大程度上推动了集群供应链的发展。集群供应链相比于传统的单链式供应链，有其自身独特的优势。比如，集群供应链的网络体系能够加快产品的生产周期，实现大规模的定制化生产，进而提高客户的满意度；集群供应链还能降低供应链网络整体的物流成本等。最重要的是，这个本地一体化相对完整的新型网络组织能够提高产业集群的创新能力，随着国内外市场竞争的加剧，创新能力也成为企业乃至供应链整体长久稳定发展所必需的能力。因此，必须要对集群供应链的网络结构以及集群供应链内部的各类经营活动进行研究，以保证企业、供应链以及集群供应链网络的稳定可持续发展。

（2）协同创新已成为企业提高核心竞争力的重要手段

2012 年党的十八大报告中曾指出，协同创新是构建中国特色社会主义自主创新道路的关键。自“十二五”规划提出要重视产学研协同的技术创新体系以来，协同创新的模式被企业广泛地采用。目前最为普遍的研究即为产学研协同创新，即企业与高校及科研机构以知识、人才、技术以及信息等创新资源为载体，共同进行技术研发，从而促进科技竞争力的提升，推动经济转型发展。

经济环境的复杂多变促使企业间的竞争愈演愈烈，企业已经无法承受快速变化的市场以及消费者需求，而集群供应链企业间天然的相似性和彼此间的密切联系，促使协同创新成为企业提升核心竞争力的重要手段。集群供应链内的协同创新模式较为普遍，多表现为集群供应链内核心企业与围绕其周围的中小型企业之间的协同创新。相比于企业单独创新高投入、高风险、创新周期长等弊端，协同创新具备共同投入、共享收益、共担风险的特性。所以企业间的协同创新能够降低企业的创新投入，使技术创新所得的总体收益以及企业各自收益均得到增加，同时也能降低每个企业所分担的风险。而对于中小型企业来说，其实力和规模较弱，技术水平较差，无法独自完成技术创新，更无法承受技术创新过程中的各种风险，所以，协同创新可以说是中小型企业的长期可持续发展之路。

集群供应链协同创新的重要性和必然性主要体现为如下两点。一方面，企业技术创新现已进入瓶颈期。在现如今国内外的经济市场中，我国传统企业的规模效应已经不如从前一样显而易见，企业需要不断加大技术革新带来的筹码，时刻要求保持创新能力，同时企业也要一改往日只注重产品数量的经营理念，应过多地关注产品的质量。在现如今的经济大环境下，企业在生产销售或者产品服务等方面的趋同造成了企业无法脱颖而出以获得独特的竞争优势，最终可能阻碍企业发展战略的实施，不能达成经营目标。另一方面，企业在技术创新过程中，往往会出现项目的失败率大于成功率的现象，总是不能达到预期效果。在技术加快发展的时代迎来无数次的技术变革，企业经营者通过与国际接轨的契机逐步学习到先进的经营理念，促使企业技术创新走向成熟，技术创新所需的基本资源投入也逐步降低，随之创新的难度与复杂度也在下降。但是技术创新本身的资源稀缺性，使企业花费在技术创新上的成本大大增加，开展技术创新研发项目的失败率随即增加，与此同时便制约了企业的发展。因此，在资源稀缺的条件下，企业的生存理念必须由单个企业技术创新向两个及两个以上企业协同创新转变。

1.2 问题的提出

产业集群作为一种企业组织形式，已成为当今世界经济的一种重要现象。随着集群的演化与发展，集群内部逐渐形成了以少数企业为核心企业，多家配套企业围绕其周围的供应链网络布局结构，这种网络组织结构即为集群供应链。不妨以轨道交通装备制造业集群为例，其内部通常会形成以轨道交通装备制造商为核心企业，以零部件供应商和相关配套服务供应商为配套企业的集群供应链产业结构。所以此类产品都是在集群供应链的组织结构下，由核心企业与相关配套企业共同生产完成的。然而，面对激烈的市场竞争，企业必须通过不断的技术创新和产品升级来满足市场需求。但是由于产品涉及大量配套企业生产的零部件，所以核心企业无法独自完成产品的更新换代，而是必须与配套企业合作共同完成技术创新和产品的升级换代。因此，核心企业与配套企业间的协同创新对集群供应链长期保持其竞争优势具有重要意义。但创新是一项高风险活动，协同创新就意味着核心企业与配套企业要共担风险，共享收益。一旦协同创新失败，企业双方需要共同承担创新失败所带来的风险。由于核心企业的实力、规模等较强，其风险承受能力也相对较强；而配套企业在实力、规模等方面较弱，其风险承受能力也相对较弱。相对于企业风险承受能力而言，如果用企业所承担的实际风险（即相对风险）来衡量，在面对同样风险时，风险承受能力强的核心企业所承担的相对风险并不高，但风险承受能力差的配套企业所承担的相对风险就比较大了。所以在协同创新过程中，即使核心企业与配套企业在双方投入的资金、资源与努力程度上都相同，但是由于风险承受能力的不同，两者实际上所分担的相对风险也是不同的，配套企业实际上往往承担着更大的风险。因此在协同创新时，面对较高的风险，如果不能得到相应的收益，配套企业往往不愿付出太多资源或努力，这就可能导致创新失败的概率增大。所以在集群供应链企业协同创新过程中，需要评估企业在创新中分担的相对风险，并据此设计能够更好地反映创新风险与收益对应关系的收益分配机制。而企业分担的相对风险大小与企业的风险承受能力和协同创新项目本身的风险大小有关。

本书在对相关理论进行分析总结的基础上，分别研究了集群供应链企业协同创新项目风险的度量，以及企业创新风险承受能力的度量。并在此基础上，考虑协同创新项目风险和企业的不同风险承受能力，研究设计了基于相对风险分担的协同创新收益分配机制。为集群供应链中不同风险承受能力的企业之间协同创新的收益分配问题提供了理论参考。

1.3 研究意义

1.3.1 理论意义

（1）从集群供应链和协同创新角度丰富了企业技术创新风险度量与评价的相关理论

本书以产业集群和集群供应链为背景对企业间协同创新项目的风险进行度量研究，分析集群供应链中企业协同创新面临的各方面风险因素，结合集群供应链的特点及协同创新过程中企业间的相互影响和作用构建指标体系，同时有针对性地提出了主客观结合的度量评价方法。为集群供应链企业协同创新项目的风险评价构建了一套完整的度量评价方法体系。该方法体系从集群供应链背景和企业间协同创新两个方面丰富和完善了现有企业技术创新风险度量与评价的相关理论，同时也进一步丰富了产业集群和集群供应链理论的相关研究。

（2）从集群供应链和创新风险角度丰富了企业风险承受能力度量与评价的相关理论

本书在产业集群背景下，对集群供应链内企业的创新风险承受能力进行评价度量，结合集群供应链及企业创新风险的特点构建评价指标体系，并有针对性地对度量评价方法进行了改进和完善。为集群供应链企业创新风险承受能力的度量评价提供了完整有效的方法体系。该方法体系从集群供应链背景和企业技术创新角度丰富和完善了现有企业风险承受能力度量与评价的相关理论。

（3）为企业协同创新的收益分配提供了基于相对风险的新依据和新视角

协同创新的收益分配一直是影响创新能否成功的关键因素。由于创新本身是一项高风险活动，所以参与协同创新的企业大多承担着较高风险。一般来讲，企业通过协同创新所获得的收益应该与其所承担的风险相匹配。但是面对同一个协同创新项目，即使参与企业各自投入的资源成本等都相同，由于参与企业各自不同的风险承受能力，使每个企业相对其风险承受能力而言，所承担的相对风险也不同。本书提出并设计了基于相对风险分担的集群供应链企业协同创新收益分配机制，该机制从风险管理的角度出发，考虑到企业风险承受能力的不同而设计收益分配机制，对基于投入资源成本的收益分配机制提供了有效补充，在创新企业风险承受能力差别较大和需要配套企业投入较多时能够更加准确地反映风险与收益之间的对应关系，从而更好地激励弱势企业，提高协同创新绩效，是对现有理论的有效补充与完善。

1.3.2　现实意义

（1）对企业科学地预警、管理协同创新项目风险具有现实指导意义和决策参考价值

协同创新是集群供应链内企业主要的创新手段之一，企业的成功与其协同创新成功率是呈正相关的。企业经营者势必要加强对协同创新的重视程度，制定明晰的技术革新战略思想，不断地开展协同创新研发项目，加强协同创新风险的管理，形成一套风险控制与应对措施，这对帮助产业集群内企业的协同创新风险管理以及加强自身创新水平有一定的现实意义。企业若不能在协同创新项目开展之前准确地识别和管理风险，则可能给自身带来巨大的损失。本书对集群供应链企业协同创新项目的风险进行分析和评价研究，提出了集群供应链企业协同创新的风险度量方法体系，对企业科学地预警、管理协同创新项目风险具有现实指导意义和决策参考价值。

（2）对企业参与创新时客观正确地评价自身风险承受能力具有现实参考意义

产业集群通常由多条集群供应链交织融合而成，这些集群供应链将集群内的核心企业与配套企业紧密地连接在一起，因此，产业集群内的企业创新更多地体现为集群供应链上核心企业与配套企业之间的协同创新。协同创新本身具有高风险、高投入的特征。此外，核心企业与配套企业在风险承受能力上的较大差异，又会使得对参与同一个协同创新项目的不同企业来说，其所承担的相对风险有很大不同。尤其对风险承受能力较弱的核心企业来说，其所承担的风险有可能超出企业自身的风险承受能力上限。若在开展协同创新前没有考虑自身的风险承受能力，只是一味盲目地创新，创新一旦失败，企业很有可能会陷入困境，甚至就此破产。此外，科学地度量企业的创新风险承受能力，对企业正确评估自身在协同创新中实际承担的真实风险也有十

分重要的意义。本书研究了集群供应链企业创新风险承受能力的度量方法体系，对企业在参与实际创新时客观正确地评价自身风险承受能力具有一定的现实参考意义。

（3）为集群供应链企业协同创新的收益分配提供了决策参考

经过长期的发展，产业集群中逐渐形成了由众多技术研发能力较强的大中型企业和大量技术研发能力较弱的中小型企业集聚的网络布局结构，这些中小型企业往往作为配套企业为大中型企业提供配套的零部件以及服务。所以，中小型企业的技术创新在一定程度上决定着大中型企业的产品价值以及产品的更新换代，那么两者的协同创新就变得十分重要。但是由于中小型企业的风险承受能力较弱，导致其在协同创新中往往承担着更大的风险，但是却不能在创新成功后获得与之相匹配的收益。由于在设计收益分配机制时并未考虑到企业不同的风险承受能力，导致集群供应链中很多中小型配套企业参与协同创新的意愿并不高。本书提出了一种考虑企业风险承受能力的基于相对风险的收益分配机制。该机制在实践中可以为参与协同创新项目的企业提供一种相对公平的收益分配机制，从而提高中小型企业的积极性，激励中小型企业增加创新投入的同时推动协同创新的发展。

1.4 相关研究综述

本书是在对集群供应链内企业协同创新的项目风险和企业自身创新风险承受能力进行合理评估度量的基础上，研究企业间基于相对风险分担的协同创新收益分配机制。因此主要涉及对集群供应链企业协同创新的风险度量、集群供应链企业创新风险承受能力的度量和基于相对风险分担的协同创新收益分配机制这三个方面的研究。

与本研究相关的研究领域主要包括对集群供应链的相关研究、产业集群和供应链内企业的协同创新研究、企业创新风险的评价与度量研究、企业风险承受能力的评价与度量研究和企业协同创新的收益分配研究。下面将分别就以上研究领域进行研究综述。

1.4.1 集群供应链的相关研究

Porter在1998年最先提出产业集群的定义，产业集群是指在某一特定领域中（通常以一个主导产业为核心），大量相互关联的企业及支撑机构在空间上集聚，并形成强劲、持续的竞争优势的现象[1]。而国外学者Humphrey和Schmitz最早明确地将产业集群与供应链联系在一起，他们认为形态各异的集群供应链的形成以及物流驱动，主要是源于购买者（用户）和生产者（供应商或生产商）的行为，由于每种类型供应链的特点不同，导致其企业合作模式也是不尽相同的[2]。Fu和Michael提出了供应链网络的概念，并给出了供应链网络结构的一般模型，他们认为供应链网络结构中存在一个核心企业，其他企业会围绕核心企业进行一系列的生产经营活动[3]。Porter经研究发现，产业集群中同一产业不仅有着多个核心企业，而且有着与该产业相关的聚集在同一区域的上下游企业[1]。Doloitte Consulting通过对美国和加拿大的航空和汽车等行业的产业集群中200多家企业的调查发现，集群企业间的竞争是基于供应链之间的竞争[4]。此后许多国内学者也展开了对集群供应链的研究。

黎继子和刘春玲认为集群供应链是一种源于企业，但不限于企业，依于集群，但不囿于集群的组织，该组织是纵向企业相互分工协作高度发达、横向具有相对完整的供应链结构体系[5]。赵广华认为，产业集群的发展到了增长期与成熟期，对供应链管理敏捷化、多维网络化与智能化的要求会越来越高，基于此他提出了构建产业集群供应链协同管理体系的要求，以满足单条供应链无法满足的日益加快的产业集群的发展[6]。易永锡从信息外溢的视角比较了集群供应链企业间合作创新与不合作创新的博弈行为，结果表明企业在进行合作创新时的最优产量更高，并且当进行合作创新时不仅企业的长期竞争力更强，企业的长期利润也更大[7]。杨瑾在分析了集群供应链系统组织特征的基础上，提出了适用于复杂产品制造业的两阶段集群供应链系统组织模式，进而根据集合程度对集群供应链系统组织的四种模式进行了探讨[8]。李芳和邱俊茹以中小型集群供应链企业为背景，从内层和外层两个角度分析了集群供应链的协同管理，给出了提高集群供应链协同管理效率的一系列策略[9]。潘文安和杨娟在全面分析了集群供应链网络组成的基础上，提出了集群供应链网络的治理模式和治理机制，以提升产业集群的竞争力，保护产业集群的可持续发展[10]。蔡彬清和陈国宏分析了集群供应链的形成、内涵、网络特征及竞争优势，认为集群供应链的网络结构在生产、创新、抗风险等方面具有有利的竞争优势，加强集群供应链企业间的紧密联系并保持集群供应链网络的开放性是提升企业竞争力的关键所在[11]。詹浩勇基于集群供应链网络竞合框架，归纳出商贸流通业集聚影响制造业转型升级的动态机理，表示应在区域产业升级政策的基础上，充分重视并发挥商贸流通业集聚的积极作用，推动制造业的产业升级[12]。左志平等通过对湖北省四家产业集群区域制造企业的实证研究，从外部环境压力和内部组织动力两个维度进行因子分析，表明集群供应链生态合作对合作绩效有明显的正向影响[13]。吉敏和胡汉辉基于常州产业集群企业的实证研究发现，集群供应链网络关系越强，企业创新绩效越高，同时集群供应链网络关系强度在企业创新意愿与绩效之间具有中介效应。因此，企业不仅要与集群供应链内企业保持良好的企业关系，也应该注意企业创新意愿与网络关系的互动，共同促进提高创新绩效[14]。王丽丽和陈国宏将集群供应链内的技术创新分为两种类型，分别为供应链上下游企业间和供应链间企业的技术创新，进而利用动态博弈的方法探讨了供应链上下游企业和供应链间企业技术创新的博弈均衡条件，对以往关于集群供应链内技术创新的研究进行了补充与扩展[15]。种法辉等对集群供应链的运作模式进行了总结，主要有关联型集群供应链、嵌入型集群供应链、竞合型集群供应链与协同型集群供应链[16]。陆球英认为集群供应链应分为单中心模式、多中心模式与无中心模式，并对集群供应链视角下我国流通产业的发展路径进行了归纳总结[17]。朱海波和李向阳认为集群供应链中的企业合作不仅存在于单链式供应链内部，而且还会存在于链与链之间[18]。周兴建等将集群供应链看作一个特殊的价值链体系，并利用价值分析工具对集群企业间供应链物流活动进行价值量化[19]。

综上，集群供应链的相关研究为本书的研究提供了重要参考依据。对以上研究进行分析总结可以发现，集群供应链是在产业集群内企业与企业之间形成的供应链网络关系。集群供应链既具备产业集群的特征，也具备供应链的特征。

1.4.2 产业集群和供应链内企业的协同创新研究

本书研究集群供应链内企业协同创新的收益分配问题。集群供应链是在产业集群内形成的供应链体系，它既具备产业集群的特征也具备供应链的特征。本部分将分别就产业集群内企业的协同创新研究和供应链内企业的协同创新研究进行综述。

（1）产业集群内企业的协同创新研究

关于产业集群内企业的协同创新问题，已经逐渐引起了学者和企业经营管理者的关注。张哲将产业集群中协同创新模式分成两种：一种是规模较为类似的企业间协同创新模式，另一种是规模差距比较悬殊的企业间协同创新模式[20]。解学梅和曾赛星通过深入分析网络组织理论以及协同理论，阐述了产业集群的创新协同模式与形成机制[21]。Cooke 和 Schienstock 注意到创新主体之间各种相互协作与相互作用，可以有效地促进创新系统的整体收益产出比，这些具有特定区位优势条件和经营战略的创新主体组成了产业集群技术创新的大系统[22]。王巾发现产业集群与区域创新两者间有很强的相关性，同时结合台州做实例分析，从科技平台的建设、创新政策的解读、产业集群文化的培养等角度，阐述了几点关于提高区域创新能力和集群创新耦合发展的相关建议[23]。陈劲将协同创新解读为相关政府部门、企业、高校和科研机构等经济活动主体，为了施行技术创新项目而形成的以获取技术溢出为目的的大规模技术创新新型模式。其最终目标是要构建各经济主体与次要主体间的多层次协同创新网络体系，通过各主体之间知识、技术、服务等投入资源的优化配置，获得更大的收益[24]。吕静等基于综合考量当前常用的协同创新组织模式，给出了一个优化的协同创新模型，同时结合“智猪博弈”模型，分析政府相关经济行为给企业开展协同创新带来的影响，进而有如下三点分析：要提高对企业之间的协同关系认识度，同时不能忽略企业与其他主体之间的协同关系，要充分注重政府经济行为对开展协同创新项目的作用，相对于资金上的支持，政府的相关政策和法律对企业开展协同创新项目的影响更为突出[25]。蒋石梅等利用案例研究的方法，分析阐述了产业集群内产学研协同创新机理[26]。周志太从经济学范畴内探究了协同创新网络系统，同时认为协同创新过程需要合理的平息技术知识和研发相关投入带来的不确定性，要充分有效地利用技术溢出，以获得竞争优势[27]。阳银娟以协同创新相关的市场、技术和知识等为主要驱动因素进行详细分析，探究其内在作用机理，在技术体制变革、协同创新网络的构建、集体创新文化的培育等方面，提出了协同创新的实现路径[28]。

（2）供应链内企业的协同创新研究

面对日益激烈的市场竞争，许多企业在供应链内展开广泛的协同合作。关于供应链内企业的协同创新问题有很多学者从不同的角度进行了研究。Kim 对供应链内制造商与供应商之间的合作创新进行了讨论，认为制造商应向供应商提供创新补贴才能促进供应商的合作创新[29]。Bello 等和 Mark 分别从不同的角度探讨了供应链内关于业务流程方面的协同创新问题[30,31]。何勇等认为，对于单供应商和单销售商的供应链创新模式，若由销售商承担全部的创新投入，则会极大地降低销售商的创新热情，进而提出了使供应链达到协作状态的优化方法[32]。张旭梅等分析了供应链上所有成员企业的整个产品生命周期的内涵及运作流程，对供应链企业协同创新存在的问题给出了相应的策略[33]。张巍研究了在纵向溢出效应的情况下供应链内供应商、制造商和销售商三方的协同创新，发现当企业三方参与协同创新时，供应链总收益、创新投入和产品产量均高于未创新时的情况，并且与纵向溢出效应大小成正比关系，与创新系数成反比关系[34]。蔡猷花等从技术创新的视角，研究了供应链内核心企业与配套企业在研发不合作以及研发合作时不同供应链的策略选择问题[35]。王丽梅和韩明华从知识共享的角度分析了供应链企业间的协同创新，表明知识共享的风险会阻碍企业间的协同创新，进而给出了规避知识共享风险的措施及建议[36]。杜欣和邵云飞根据集群内核心企业与配套企业之间独特的关系，对企业双方未进行技术创新、两企业协同创新以及企业双方单独创新三种情形进行了比较研究[37]。吕璞和林莉基于开放式创新理论，比较了制造商独立研发、供应链上下游企业非协同合作研发以及协同合作研发三种情况，认为供应链协同合作创新模式是最优的创新模式[38]。岳鹄和朱怀念采用数值模拟仿真的方法，运用斯坦伯格博弈模型，对供应链内核心企业与配套企业协同创新的决策过程进行了研究[39]。张英华和彭建强构建了供应链协同创新绩效指标体系，以保证供应链的效率和质量，使供应链整体以及节点企业获得最优收益[40]。陆杉和龚潇潇通过对中部6省153家具有上下游业务关系的企业进行实证研究，发现协同创新对供应链绩效具有显著的正向影响[41]。周华和周水银从顾客价值的视角对供应链企业协同创新进行了研究，发现顾客价值创新较难时，供应商的协同能够激励零售商增加创新投入，提升顾客价值，提高供应商收益，进而供应商会降低价格，零售商的收益也会增加，这更加激励了零售商加大创新投入力度，从而会形成良性激励循环机制[42]。

综上，产业集群和供应链内企业的协同创新相关研究为本书的研究提供了重要参考。相关研究将集群内企业的协同创新分为两种，即规模类似企业间的协同创新和规模差距悬殊的企业间的协同创新。而本书正是针对第二种类型展开研究的。

1.4.3 企业创新风险的评价与度量研究

创新无疑是企业发展的动力，在当今社会，不创新就没有发展空间，但创新在带来机遇和利益的同时，还给企业带来了巨大的风险。因此在创新之前需要对创新项目的风险进行有效的度量与评估。对创新风险进行度量首先要构建风险度量的评价指标体系，之后采用适当的评价度量方法构建模型对风险进行度量。下面将从这两个方面对企业创新风险的度量进行综述。

（1）企业创新风险度量的评价指标体系

评价指标体系是根据对创新风险影响因素的识别、分析和筛选，得到关键性的风险因素，从而构建风险度量的评价指标体系。许多学者在指标体系构建方面进行了很有价值的研究。

Sherali 和 Subramanian 将技术创新中存在的风险划分为企业主体、知识结构、技术特征、管理方法、市场需求及相关政策六个方面，结合相关分析对其风险做出了度量[43]。陆立军和郑小碧经过一系列分析将技术创新的风险划分为“搭便车”风险、“囚徒困境”风险和“技术锁定”风险三个方面[44]。李晓峰和徐玖平从主观、客观两个角度选取了九个关键性风险因素，构建风险因素指标体系[45]。郭韧和李朝明从知识创新、企业主体的协同以及外部经济状况等方面选取了 13 个关键协同知识创新风险因素[46]。张琼瑜和李武武通过研究复杂适应系统（CAS）理论，从动力角度着手归纳了能提高集群协同创新的相关因素，包括四个内在动力因素和五个外部动力因素[47]。杜欣等主要研究了集群内的领先企业和跟随企业间的一种协同创新新型模式[48]。杨道现重点研究了学科集群和产业集群之间的协同，并构建了基于双集群协同创新能力的指标体系。在分析与评价协同创新能力时，存在很大的随机性与不确定性，因此他利用语言标度和灰度共同应用于创新能力的评价，基于此提出了一套科学合理的双集群协同创新能力评价体系[49]。欧光军在产业集群的视角下，利用系统论原理，总结了产业集群的风险指标体系[50]。沈云慈利用贝叶斯网络法，重点归纳总结了产学研合作过程中的协同创新风险指标体系[51]。胡文广分别从外源风险、集群风险、主体风险、资源风险及活动风险五个方面概括了协同创新风险的 47 个指标因素，并做了进一步的风险度量[52]。唐丽艳等从协同创新网络的外生风险和内生风险两个方面，总结出由 17 个集群协同创新网络风险评价指标组成的体系[53]。葛秋萍和汪明月归纳了产学研协同创新的五类经典模式，构建了相应的风险评价指标体系[54]。刘利平和江玉庆从合作方内部因素、技术因素和外部环境因素三个维度探讨合作企业技术创新的风险模式[55]。刘学理和王兴元在对高科技品牌生态系统技术创新风险因素进行分析的基础上，提炼出评价高科技品牌生态系统技术创新风险的指标[56]。尹作亮从风险来源与风险特征两个方面入手，从市场风险、管理能力风险、财务风险三个方面对中小企业技术创新风险影响因素进行分析[57]。Johnson 从供应风险、需求风险、过程制造风险三个方面分析供应链创新风险因素[58]。刘荣和汪克夷从内在本质、结构构成的角度分析影响因素，在建立了评价指标体系后，通过多层次模糊综合评价法对其进行评价分析[59]。

（2）企业创新风险的评价度量方法

评价度量方法是在评价指标体系的基础上，对企业创新项目的风险进行具体度量评估的方法模型。相关文献中对企业创新风险评价度量的方法主要有以下几种：一是模糊综合评价法[60-62]，这种方法的特点是用一个模糊集合来表示评价结果；二是 BP 神经网络法[63-65]，该方法十分适用于解决非线性风险评价问题，减少了人为因素对评价结果的影响；三是灰色理论法[66-68]，该方法能够有效地克服系统的不确定性，所需的数据量不是很大，不需归一化处理。也有人将多种方法综合在一起，如陈振斌和张庆普综合了模糊数学和神经网络评价方法[69]，索贵彬和赵国杰利用物元可拓模型结合灰色理论进行综合评价[70]，杨璐将模糊综合评价法与灰色系统理论相结合[71]。

除以上三种方法外，物元可拓分析法也是近些年来出现的研究技术创新风险评价的新方法，它的优点是能将事物的量与质相融合，有效地结合定量判断与定性分析，是解决矛盾问题的最佳方法。同时，物元可拓模型中的关联度函数充分体现了点在区间内的位置也存在不同的客观事实，而突破了以往数学中点在区间内的位置为零的思维定式。在企业创新风险度量方面采用物元可拓分析法的代表性研究包括：李晓峰和徐玖平采取物元可拓方法，考虑企业技术创新过程中的各种主观、客观信息，对其综合风险进行度量[45]；索贵彬和赵国杰综合了物元可拓与灰色理论两种方法，建立了一套基于灰色可拓的创新风险评价体系，对技术创新研发项目进行测度[70]；佟林杰应用专家评分法结合物元可拓模型对技术创新风险进行测评，同时结合实证具体分析[72]。

综上，关于企业创新风险的评价度量受到了学术界的广泛关注，许多学者在该领域进行了大量研究。现有研究主要集中于对单个企业技术创新项目的风险度量。在评价指标体系的构建方面多数研究都从企业内、外部等多个方面分析创新风险的来源和影响因素，从而构建风险度量的评价指标体系。在风险度量方法方面除了传统方法以外，物元可拓分析法作为近年来研究创新风险度量的新方法，在定性与定量相结合方面具有一定的特色和优势。

1.4.4 企业风险承受能力的评价与度量研究

企业在发展壮大的过程中，会面临多方面的风险，风险规模或大或小。

小的风险可能让企业蒙受一定的经济损失，而较大的风险很可能使企业陷入困境，甚至导致企业破产。这里所说的小和大实际上都是针对企业自身风险承受能力而言的。不同企业的风险承受能力不同，在一些实力雄厚的大企业看来的小风险，对那些小企业来讲也许就是致命的大风险。可见在评估企业实际所承担的风险时，企业自身风险承受能力的大小是一个重要的考虑因素。

与企业风险承受能力评价度量研究类似的还有对企业抗风险能力的评价度量研究。由于两者在研究内容和方法上都十分相似，因此这里将企业抗风险能力的评价度量也归为此类。关于这方面的研究主要有：钱振伟等通过模型选择技术构建农业巨灾保险风险承受能力度量模型，并对我国农业巨灾风险承受能力进行了仿真评估[73]。潘琰和胡海全采取了模糊综合评价的方法对企业的风险承受能力进行了多层次的评判[74]。Hara 等研究了在风险分担规则有效的情况下投资者风险偏好与其风险承受能力的关系[75]。Kwak 和 Laplace 从公司、项目经理和投资者三个维度，研究了项目的风险承受能力，分析了这三个维度对项目的风险承受能力的影响方式和影响程度等[76]。田永强在对棉粮企业的风险承受能力进行评估时，选用灰色综合评价法作为主要的研究方法，继而选取模糊综合评价法对我国粮食企业的风险承受能力进行评价分析，并给出具体的意见与建议[77]。潘勤华等利用指标量化、三角模糊等方法分析了纺织产业抗风险能力的影响因素，并通过模糊综合评价法构建了浙江纺织产业集群抗风险能力计量模型[78]。陈伟等探究了集聚结构、中介性与集群创新网络抗风险能力之间的关系，并进一步探讨了提高集群创新网络抗风险能力的可行方案[79]。Gwynne 等认为邻近的地理环境不仅有利于提高企业双方的交流合作，减少交流障碍，而且还有利于提高获取信息的能力，同时企业的抗风险能力也会大大提高[80]。王发明和于志伟在区域循环经济系统网络结构及网络关系特征分析的基础上，分析了区域循环经济系统企业抗风险能力的构成要素，提出从正式与非正式网络关系两个方面衡量抗风险能力指标[81]。王娇俐等对基于风险传播机制的集群抗风险能力进行了准确的评估[82]。马晓强和韩锦绵阐述了我国农业面临的主要风险，并提出提高我国农业抗风险能力的对策建议[83]。顾永红和杨五洲在分析了农民工的社会风险来源之后，对农民工的社会风险进行了风险分类，并建立了农民工的抗风险机制[84]。戴胜利分析了企业营销系统抗风险能力的影响因素，建立了评价指标体系，并构建了企业营销系统抗风险能力的优化模型[85]。

在相关的评价度量方法方面，该领域涉及的评价方法主要集中在以下几种方法：一是 DEA 法，即数据包络分析法[86-92]。它是利用线性规划的方法，对具有可比性的同类型单位进行相对有效性评价的一种数量分析方法。在处理多指标投入和多指标产出方面具有一定优势。二是主成分分析法[93-96]。该方法旨在利用降维思想，把多指标转化为少数几个综合指标，其中每个主成分都能反映原始变量的大部分信息，且所含信息互不重复。这种方法在引进多方面变量的同时将复杂因素归结为几个主成分，使问题简单化，同时得到更加科学有效的数据信息。三是灰色综合评价法[77,97-99]。该方法是一种以灰色关联分析理论为指导，基于专家评判的综合性评估方法。四是模糊综合评价法[99-103]。这是一种基于模糊数学的综合评价方法，它具有结果清晰、系统性强的特点，能较好地解决模糊的、难以量化的问题，适合各种非确定性问题的解决。

在确定评价指标权重方面可以分为主观赋权法与客观赋权法。主观赋权法主要包括层次分析法和德尔菲法等[104-106]。此类方法主要依靠专家的经验意见赋予指标权重值。优点是体现专家经验，实用性较强；缺点则是客观性较差，很容易受到个人主观偏好的影响。客观赋权法主要包括主成分分析法、熵值法等[107-110]。此类方法主要依据原始数据之间的关系来确定指标权重。优点是客观性较强；缺点是不能体现专家经验，结果可能与实际情况有悖。

综上，关于企业风险承受能力的评价度量研究已经开始受到学术界的关注。现有研究主要集中在对企业财务、金融和突发事件风险的承受能力或抗风险能力研究方面。在评价度量方法方面主要包括DEA法、主成分分析法、灰色综合评价法和模糊综合评价法。在确定指标权重方面分为主观赋权法和客观赋权法。

1.4.5 企业协同创新的收益分配研究

协同创新已成为当今企业提高核心竞争力的重要手段。既然是协同创新，就代表参与企业之间要形成一种合作或联盟关系，这就必然涉及对创新成功后所获收益如何进行分配的问题。一个公平合理的收益分配机制是影响协同创新能否成功的重要因素。有许多学者从不同角度用不同方法对企业协同创新的收益分配问题进行了研究。

Iyer和Bergen运用博弈论方法建立了创新联盟收益分配的博弈模型，提出了联盟企业的收益分配策略，分析了收益分配契约对联盟成员协作能力的影响[111]。Karl Morasch分析了研发联盟的形成过程，通过适当的委托机制，为不同联盟结构下的联盟成员提供了收益分配方案[112]。张巍等通过分析供应链内供应商、制造商与销售商三方非协同创新、两方或三方协同创新的情况，发现三方协同创新时供应链总收益和创新投入最大，并利用Shapley值法探讨了三方协同创新时的收益分配问题[113]。孟卫东等研究了并行研发联盟中联盟成员在不同收益分配方式下的投资策略，发现采用按比例分配方式时联盟成员的投入较采用平均分配方式时的投入高，因此并行研发联盟采用按比例分配方式更优[114]。晚春东等基于共享契约的视角，提出了基于共享契约的供应链合作伙伴收益分配协调机制[115]。桂良军认为供应链总收益只与顾客需求线性系数、制造商成本、零售商成本及售价有关，同时，协同供应链下的总收益要较非协同时的收益高[116]。黄波等在技术风险不确定的情况下，探讨了研发联盟成员不同情况下的投资策略和最优合作研发模式，并设计了研发联盟成员的投资激励机制[117]。鲍新中和王道平研究了产学研合作创新的收益分配问题，指出合作博弈情形下技术创新的收益以及规模均较非合作博弈情形下的高，并利用 Rubinstein 讨价还价模型对产学研合作创新带来的剩余价值进行再分配[118]。胡海青等考虑到初始投入和风险分担对产业集群收益分配策略的影响，改进了 Raiffa 解法，构建了合作性集群的收益分配模型[119]。黄波等研究了如何通过合理的利益分配防范产学研合作过程中的道德风险，并通过对比分析各种分配方式的激励效率，找出了不同外部环境下的最优利益分配方式[120]。景熠等从产品质量的角度，以存在多个上游供应商和两个下游制造商的双层市场结构为研究对象，探讨了制造商独立研发和纵向合作研发两种情况下的收益，进而提出了一种收益分配机制[121]。丁旭等考虑到合作研发存在技术风险，构建了供应链纵向合作研发模型，通过比较不同情况下的最优收益分配方式，认为供应链纵向合作研发采用平均分配方式更加有利于研发成员增加投入并加强合作[122]。范波和孟卫东为了防范合作研发过程中的风险，研究了在不确定的环境下应如何选择收益分配方式来规避风险，提高合作成功率[123]。Songtao Zhang 等提出了基于按投入比例分配的纳什谈判模型的修正算法来协调供应链内的收益分配问题[124]。付秋芳等基于 Shapley 值法，赋予影响供应链企业收益分配的四个影响因子以相应的权重系数，进而构建了主客观相结合的 Shapley-RIEP 模型对原有的收益分配方法进行了修正[125]。苏先娜和谢富纪以古诺模型为基础，研究了一所大学与双寡头企业合作创新的收益分配博弈问题，首次提出了“弱国无外交”收益分配模型[126]。李军等对于供应链中只有单一供应商、制造商和销售商的供应链企业间协同创新的收益分配问题，综合考虑了创新投入、创新所得收益和创新风险三个因素，对 Shapley 值法进行了改进[127]。葛秋萍和汪明月考虑到联盟成员收益的分配受各成员在联盟中的重要程度、风险分担程度、对收益分配方案的满意程度以及各成员的绩效等因素影响，基于不对称 Nash 谈判模型，将各个影响因素量化，最终确定了各联盟成员最优的收益分配系数和收益分配矩阵，有效地提高了协同创新战略联盟的稳定性[128]。李霞等将协同创新的风险用风险系数与创新投入的乘积表示，并以此对基于 Shapley 值的收益分配方式进行了修正，进而得到了成员企业风险分担以及收益分配的方案[129]。

综上，现有企业间协同创新的收益分配研究为本研究提供了重要参考。现有研究大多采用合作博弈的相关理论来对企业协同创新的收益分配问题进行研究。进行分配的依据主要考虑了参与主体的努力程度、投入资源的贡献率、投入资源的成本三个方面，考虑将创新风险作为分配依据的研究较少。

1.4.6 国内外相关研究小结

由以上研究综述可以发现，国内外学者在对集群供应链的相关研究、产业集群和供应链内企业的协同创新研究、企业创新风险的评价与度量研究、企业风险承受能力的评价与度量研究和企业协同创新的收益分配研究等方面进行了广泛且深入的研究，取得了丰厚的研究成果，对本书的研究有很大的参考价值，提供了很多基础性的资料以及在研究思路和方法上的启示。下面对现有研究对本研究的参考和启示进行分析总结并阐述本研究与现有研究相比的区别与特色。

（1）集群供应链的相关研究方面。通过对现有研究进行分析总结可以得出：集群供应链是在产业集群内、企业之间形成的供应链网络关系。它既具备供应链特征，同时也具备产业集群特征。一方面它由多个具有上下游合作关系的企业连接而成，另一方面这些企业中一般存在一个核心企业，其他企业围绕这个核心企业为其提供配套生产和服务。此外，集群企业之间的竞争更多地体现为集群供应链之间的竞争。

（2）产业集群和供应链内企业的协同创新研究方面。相关研究将集群内企业的协同创新分为两种：一种是规模较为类似的企业间协同创新，另一种是规模差距比较悬殊的企业间协同创新。本书主要针对第二种类型展开研究。在第二种类型中协同创新企业的规模差距悬殊，因此需要考虑企业在创新风险承受能力上的差异。此外，供应链内企业进行协同创新时，无论是创新失败的风险还是创新成功的收益都会通过企业之间的业务往来传导至供应链上的其他企业。因此，在进行创新风险评估和收益分配机制设计时都应该考虑供应链上企业之间的相互影响。

（3）企业创新风险的评价与度量研究方面。现有研究主要集中于对单个企业技术创新项目的风险度量，结合所研究的具体问题分析风险来源，构建风险度量指标体系。在评价度量方法方面主要包括模糊综合评价法、神经网络法、灰色理论法和物元可拓分析法等。与现有研究相比，本书研究了集群供应链中两个或两个以上企业协同创新的风险度量。在研究中考虑了集群供应链与协同创新的特点，并且对现有的物元可拓分析方法进行了改进和完善。

（4）企业风险承受能力的评价与度量研究方面。现有研究主要集中在对企业财务、金融和突发事件风险的承受能力研究方面。在评价度量方法方面主要包括 DEA 法、主成分分析法、灰色综合评价法和模糊综合评价法。与现有研究相比，本书对企业的创新风险承受能力进行了评价度量研究，同时也考虑了集群供应链背景和供应链上下游企业的相互影响。在评价方法上采用了模糊综合评价法，并对其进行了改进和完善。

（5）企业协同创新的收益分配研究方面。现有研究的收益分配依据主要包括参与主体的努力程度、投入资源的贡献率、投入资源的成本三个方面。也有少数学者开始考虑协同创新风险对收益分配的影响，并从风险分担角度对收益分配进行了研究。但现有研究并未考虑不同规模企业由于风险承受能力不同而导致所承担的相对风险的不同。与现有研究相比，本研究考虑了集群供应链中核心企业与配套企业在风险承受能力上的差别，从企业承担的相对风险角度对收益分配机制进行了研究。

1.5　研究内容

本研究在对现有相关理论进行分析总结的基础上，分别研究了集群供应链企业协同创新项目风险的度量，以及企业创新风险承受能力的度量。并在此基础上，考虑协同创新项目风险和企业的不同风险承受能力，研究设计了基于相对风险分担的协同创新收益分配机制。从而为集群供应链中不同风险承受能力的企业之间协同创新的收益分配问题提供了理论参考。

具体研究内容如下：

第 1 章绪论。介绍本研究的研究背景，提出拟订的研究问题，并阐述研究问题的理论和现实意义。之后对几个相关研究领域的现有研究情况进行详细综述，分析总结现有研究对本研究的参考和启示以及本研究相对现有研究的区别和特色。在此基础上归纳总结并形成本书的研究内容、研究方法和技术路线。

第 2 章相关理论基础。对与本研究相关的基础理论进行了简要介绍，其中包括产业集群与集群供应链理论、协同创新理论、风险管理理论、评价理论与方法以及合作博弈与收益分配理论。主要介绍了这些理论中与本研究相关的内容。

第 3 章集群供应链企业协同创新的风险度量研究。首先，通过分析集群供应链企业协同创新的风险影响因素，从外部因素、集群因素、协同创新主体因素和协同创新资源因素四个方面归纳总结指标因素，并构建相应的风险因素评价指标体系。其次，构建基于组合赋权的物元可拓模型，包括：确定待评协同创新项目的物元可拓模型，通过非线性规划计算主客观组合赋权法的综合权重值以及项目风险等级的评判。最后，结合实例对集群供应链企业协同创新项目的风险度量方法体系进行应用研究，并对所得到的风险度量结果进行分析，提出相应的风险应对策略与控制对策。

第 4 章集群供应链企业创新风险承受能力度量研究。首先，构建集群供应链企业创新风险承受能力评价指标体系。从外部环境、公司治理、财务状况、风险经历及应对措施四个方面，归纳总结评价指标，并对评价指标进行筛选，从而得到完整的评价指标体系。其次，构建基于组合赋权的多层次模糊综合评价模型，包括：确定创新风险承受能力的多层次模糊综合评价模型，确定主客观组合赋权法的综合权重值以及对风险承受能力等级的最终评判。最后，结合实例对集群供应链企业创新风险承受能力的度量方法体系进行应用研究，并给出提高创新风险承受能力的对策建议。

第 5 章基于相对风险分担的收益分配机制研究。首先，分析集群供应链网络关系结构和协同创新机理及风险，构建集群供应链内核心企业和配套企业协同创新的博弈模型。其次，给出相对风险的数学表示，进而提出基于相对风险的协同创新收益分配机制。对基于相对风险的收益分配机制进行效果评价，将其分别与无收益分配、平均分配和按投入比例分配三种分配机制进行比较，并分析得出该机制的适用情况及优势所在。最后，进行算例分析，通过算例分析对前文结论进行验证，并进一步得出与基于相对风险的收益分配机制相关的其他结论。

1.6 研究方法与技术路线

1.6.1 研究方法

从研究内容上看，本书的核心研究内容主要包括三个部分：集群供应链企业协同创新项目风险度量研究，集群供应链企业创新风险承受能力度量研究以及基于相对风险分担的协同创新收益分配机制研究。下面将结合这三个部分的核心研究内容阐述每个部分的具体研究方法。

（1）集群供应链企业协同创新项目风险度量研究：首先通过文献调研与实地访谈等方法，分析协同创新项目风险的影响因素；其次结合专家访谈、实证调研等方法进行指标海选，运用统计方法进行指标筛选，得到主要指标，构建协同创新项目风险度量指标体系；最后结合主客观组合赋权和物元可拓分析法构建企业协同创新项目风险度量模型，并通过指标数据和模型计算得到协同创新项目风险度量结果。

（2）集群供应链企业创新风险承受能力度量研究：首先通过文献调研与实地访谈等方法，分析企业创新风险承受能力的影响因素；其次根据影响因素结合访谈、调研等方法进行指标海选，并运用相关统计方法进行指标筛选，构建企业创新风险承受能力度量指标体系；最后运用模糊综合评价法进行指标评分，采用主客观组合赋权法计算权重。通过指标数据和方法计算得到集群供应链中不同企业的创新风险承受能力度量结果。

（3）基于相对风险分担的协同创新收益分配机制研究：首先结合博弈论和供应链管理理论构建集群供应链企业协同创新模型和企业未创新模型并进行比较；其次运用风险管理和合作博弈的理论方法设计基于企业相对风险分担的协同创新收益分配模型；然后运用最优化方法，对模型进行求解，并将基于风险分担的协同创新收益分配机制与现有收益分配机制进行比较分析；最后运用比较静态分析法，分析不同分配机制及不同影响因素对协同创新绩效的影响。

1.6.2　技术路线

技术路线如图 1-1 所示。

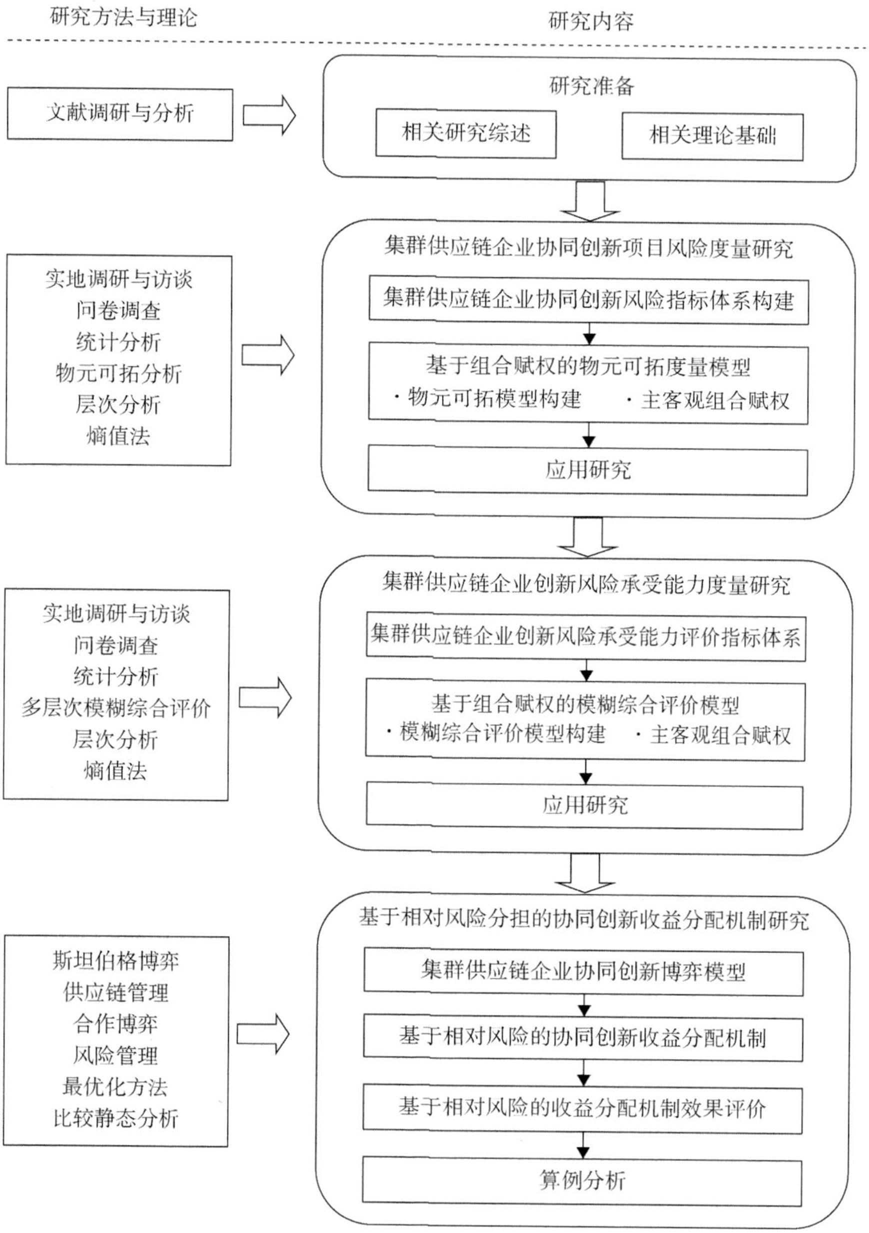
研究方法与理论
研究内容
文献调研与分析
研究准备
相关研究综述
相关理论基础
实地调研与访谈
问卷调查
统计分析
物元可拓分析
层次分析
熵值法
集群供应链企业协同创新项目风险度量研究
集群供应链企业协同创新风险指标体系构建
基于组合赋权的物元可拓度量模型
·物元可拓模型构建
·主客观组合赋权
应用研究
实地调研与访谈
问卷调查
统计分析
多层次模糊综合评价
层次分析
熵值法
集群供应链企业创新风险承受能力度量研究
集群供应链企业创新风险承受能力评价指标体系
基于组合赋权的模糊综合评价模型
·模糊综合评价模型构建
·主客观组合赋权
应用研究
斯坦伯格博弈
供应链管理
合作博弈
风险管理
最优化方法
比较静态分析
基于相对风险分担的协同创新收益分配机制研究
集群供应链企业协同创新博弈模型
基于相对风险的协同创新收益分配机制
基于相对风险的收益分配机制效果评价
算例分析

图 1-1　技术路线

第 2 章

相关理论基础

2.1 产业集群与集群供应链理论

2.1.1 产业集群

现今世界涌现出多种经济活动，其中产业集群已成为非常常见的形式，人们越来越关注并推崇这种有效的区域经济组织模式。最早有关产业集群的研究是 Marshall（1920）的经典集聚理论。Marshall 认为，企业的地理位置集聚效应既能促进当地专业分工又好又快地形成，实现规模经济，又能有效培育孵化当地的劳动力市场，并且加快促进技术及信息在企业与企业之间的流通，从而形成区域经济活动模式。随即，越来越多的专家学者深入地研究了产业集群相关理论，具有代表性的是 Porter（1998）的新竞争理论，这也成为被广为接受的产业集群的含义。他给出的产业集群概念是，同时具有竞争与合作关系的相互关联的企业和机构在地理位置邻近空间内的聚集。该概念首先表明了企业或机构在地理位置上的集聚；其次它们彼此关联紧密；最后这些特点能使效用最大化、增强输出，并创造整体的竞争力。与此同时，Porter

提出了著名的“钻石模型”。“钻石模型”作为一个动态变化的系统，必须在每个要素都全力配合的情况下，方可达成最适合企业生存的条件，从而使企业的技术和资金等的投入与创新能收获更多的利益。因此，地理位置的集聚是必备条件。集聚效应可以带来一定的挑战与压力，同时又能激发竞争者的动力。由于地理位置的集聚而构成的集群使“钻石模型”的各个要素形成一个群体，促使彼此之间的学习及默契配合，激发整体的潜能，提高整体的竞争优势。

2.1.1.1　产业集群的概念

与传统的产业概念相比，集群的概念更加宽泛，其利用企业在人力、物力、资金、技术、服务等资源要素的整合，在获得技术溢出的同时实现优势互补，满足更多的用户需求，实现利益最大化。产业集群的本质是以企业、高校、政府及相关机构等经济主体为依托，以各经济主体在地理位置上的邻近关系为纽带，以共同实现利益最大化为主要目的，并且具备整体发展优势的经济现象。

从宏观角度来看，产业集群可划分为两类：一类是处于价值链上端的且不断通过技术创新突破自身发展瓶颈的产业集群，另一类是处于价值链下端的并且以降低自身成本投入为主旋律的产业集群。前者主要表现出集群产品竞争力强、技术创新成功率高、组织灵活有效和良好的内外部环境；后者主要表现出集群内企业不惜以各种手段来降低成本投入，互相之间的激烈斗争是普遍存在的现象，很少有企业愿意百分百地投入自身优势资源，缺乏互惠互信的良好合作关系。

从社会角度来看，全球化进程的快速发展对当前的空间格局提出了更为迫切的需求，迫切需要建立一种新的均衡而协调的生产模式，以适应社会加速的进步。有研究表明，产业集群恰好满足这样的生产模式，其通过拉动内需、活跃市场、增加就业、促进消费等途径，为区域经济发展的可持续性与和谐社会的构建做出贡献。

2.1.1.2　产业集群的特征

产业集群是在限定的区域内，所有密切关联的经济集合体等实体构成的产业集聚体。因此，集群演化的基本元素是这些密切关联的经济集合体，这也体现了产业集群的主要特征。这种联系体现在空间集聚性、结构关联性、经济外部性和技术专业性，具体分析如下。

（1）空间集聚性

首先，企业在地理位置上的邻近是形成产业集群的最明显特征，这个地理位置上的集聚程度及范围是没有明确规定的，但在具体研究某个产业集群的情况时，可将这个空间范围进行大致的规划，这样才能易于研究学者掌控产业集群的内在机理及构造等特点。企业在一定范围内的集聚效应非常有利于互相汲取技术溢出以及扩散信息并形成新的资源配置，利用产业集群内主体间的供需关系实现本地化的成本优势与最大化收益。产业集群内的规模效益又能促进企业积累大量的人力、物力、资金、技术和服务等关键性要素，推进企业的成长，同时这些累积的要素又能带动整个产业集群的发展，促使其走向成熟，并吸引越来越多的其他企业或相关资源的引进，产生规模效益和集聚效应。

（2）结构关联性

产业集群并不是相邻企业在资源投入或产出上的简单合计，而是在地理位置上的集聚效应促使它们紧密联系在一起。现实的经济市场往往是若干相似企业采取趋同手段以获取市场效益，企业采取的技术往往都大同小异，然而企业间的竞争随着日趋复杂的竞争市场和逐渐挑剔的客户而逐渐增强。竞争是市场保持活力的重要形式，也是迫使企业降低资本投入、提高技术研发水平、拓宽市场领域、完善管理体系的强劲动力。然而，现如今飞速发展的市场经济、复杂多变的市场环境以及多种多样的消费者心理等因素都使单个企业无法在一定时间内达到产业内的最优业绩，只有与其他企业紧密合作才是今后企业的生存之道。企业间唯有不断汲取彼此的技术溢出，通过生产要素的重组及优势互补等手段来持续地提高产业集群的整体竞争力。产业集群中的企业通过结构关联性与其他企业实现优势互补并协同发展，形成互惠互利的网络平台。

（3）经济外部性

经济外部性是指经济活动的主体给其他主体和社会带来的非市场化影响，在整个经济活动的一系列动作中，知识、技术和服务等作为重要的资源会产生溢出效应，在市场紧密联系的同时，经济外部性需从技术和市场两个维度分别进行考量。技术的外部性是竞争的最基本条件，产业集群通过技术的协同与依靠使彼此紧密相连。在技术、人才、知识和服务等方面的相互交流与学习使经济主体产生溢出效应。同时先进的技术也不会一直被优质企业所掌控，产业集群内的其他经济主体的竞相模仿也加快了技术的溢出，使先进的技术在集群内迅速传播，进而形成整体的竞争优势，此时优质企业需不断进行技术革新来维护自身的竞争力。产业集群作为一个信息资源分享地，协同创新活动频繁地开展使产业集群内的技术和信息不断传播和扩散，资源频繁地交互使得信息共享的效率逐渐升高，技术创新的环境也变得优越。面对全球经济一体化的新局面，产业集群必须具备技术创新能力、资源及创新网络等要素，才能有效地并入全球价值链，从而创造更多的价值，共享更多的资源要素，进而形成自身强有力的竞争优势和持续发展能力。综上，经济外部性使产业集群内的企业及其相关的机构等构成的资源集聚区域形成持续的竞争力和区位优势。

（4）技术专业性

产业集群内经济主体的生产活动与服务总是集中在特定的产品中，因为集群内企业的集聚使彼此之间互动频繁，整个集群的技术水平与服务程度的同质化日益显现，并围绕某一专业化水准安排生产。技术专业化是产业集群内经济活动的主体赖以生存并保持持续竞争优势的主要来源，企业的良性发展离不开技术专业化，专业的技术具有市场准入门槛，在保持自身独特竞争力的同时抵御外来者的加入。技术专业性越强，技术准入标准越高，技术的学习与跟风就越困难。单个企业的专业化技术水平使得其在行业内保持独具一格的核心竞争力，同时若产业集群内具备专业化的技术水平，则整个集群将会形成自己的品牌与口碑，在合作竞争中便能更凸显其优越性。

2.1.2　集群供应链

随着市场竞争的不断加剧，供应链已成为一种有效的企业组织模式，是产业集群内企业相互联系和持续稳定发展的关键。近年来，很多地方政府和企业都希望通过区域经济发展与企业供应链发展的相互促进和彼此融合来提升经济发展的内生动力。但在实际运行中的效果并不尽如人意。所以，为了推动区域经济的发展，在促进产业不断升级的基础上，保证区域内的中小企业也能够通过供应链管理来提高自身的竞争力，进而能够与大企业一起参与激烈的市场竞争，最终达到“以小博大”“蚁象共舞”的目的，从产业集群和供应链耦合的角度出发的集群供应链理论便应运而生[130]。

2.1.2.1　集群供应链的概念

产业集群和供应链之间的耦合关系，普遍存在于国内外各个地域的产业集群当中，对于提高产业集群内企业的竞争力以及集群企业的产业升级都起到了十分重要的作用。关于集群供应链的研究并不是偶然产生的，是由不停变化的组织内部条件以及组织外部的大环境决定的，见表 2-1。

表 2-1　集群供应链产生的背景

组织内部条件	核心企业的地位不断分化与强化
	风险的分担与技术的共享
组织外部环境	外部环境多变促使企业加强柔性化合作
	消费者愈加重视产品的质量与升级

集群供应链以供应链的角度去分析产业集群，将产业集群和供应链的研究紧密联系在一起，是一种新型的网络组织形式，它既具有产业集群网络的特点，又具备供应链的特质。可以说，集群供应链是依托于产业集群但并不受产业集群地域限制的供应链网络组织系统。在某一特定的集群地域中，同一产业或者同一供应链内具有很多相互合作的不同规模的组织或者企业，包括供应商、制造商、销售商以及研发机构等。集群供应链将这些组织或企业有机地结合在一起，由于产业集群地域中供应链核心企业的非唯一性和生产相似性，该地域中的供应链也存在着多条性和生产相似性，这样一来，每条单链式供应链上的企业不仅在内部存在相互协作，链与链间的企业也存在着跨链的协调运作。与此同时，在产业集群的地域内还游离着许多专业化的中小型配套企业，这些中小型的配套企业位于单链式供应链之外，为单链式供应链日常的生产经营提供补充。集群供应链就是如此的一个敏捷性的网络组织系统。

集群供应链其实是一种“源于企业，但不限于企业；依于集群，但不囿于集群”的组织[131]。这个组织中纵向企业之间的分工与协作高度发达，横向企业间也具有比较完整的产业链。也就是说，集群供应链的网络是其显形的结构轮廓，而在这个显形轮廓的基础上，集群供应链具备隐形、有向的链状架构。如果产业集群不具有供应链的特征，那么组织内部的产品就会逐渐倾向于同质化与无差异化，这会导致组织内企业相互之间出现恶性价格竞争；如果供应链系统不具备产业集群的特点，那么组织会出现没有竞争、只有合作的局面，这会导致组织的效率大大降低。因此，集群供应链的提出，使产业集群与供应链有机结合在一起，有利于产业集群的稳定可持续发展。

2.1.2.2　集群供应链的特点

集群供应链内企业间天然的相似性和彼此之间的密切联系，使企业之间不仅能够在纵向上很好地合作，横向跨链间的企业也存在着竞合关系。这种供应链横向与纵向之间的复杂关系，能够很好地提高集群供应链对市场的响应速度。不仅如此，企业之间的相互协作，不仅能够提高集群供应链整体的效益，也能够提升企业自身在市场中的竞争力，提高企业自身的收益，从而达到集群供应链整体与单一企业双赢的效果。因此，集群供应链作为以产业集群为平台的供应链网络组织，其具有以下特点。

（1）网络结构复杂多样

集群供应链网络由纵向的网络系统与横向的网络系统构成，网络内部的物流、资金流和信息流相互交织，构成了集群供应链网络的复杂多样性。具体而言，集群供应链内的纵向网络系统即为传统的供应链网络，由源头的原材料供应商、作为供应链内核心企业的制造商、产品的分销商、零售商所组成；而横向的网络系统是由各个纵向单链式供应链内的核心企业包括核心企业的竞争者以及互补或者替代者所构成的，这些企业之间没有明显的供应关系，但是通过集群内诸如配套企业等企业组织相互联系在一起，构成了复杂的集群供应链网络的一部分。除此之外，集群供应链内还存在着研发机构、政府以及中介机构等组织，这些组织作为支持性的机构，为集群供应链内的企业提供技术指导或者政策支持等。由此可见，集群供应链内企业之间的联系，或者是通过纵向供应链的供需关系相联系，或者是通过链与链间企业的竞合关系相联系，或是通过研发机构、政府等支持性组织联系在一起，这就造就了复杂多样化的集群供应链网络。

（2）本地一体化

集群供应链不同于普通的产业集群，集群供应链内的企业分工更加专业化与精细化，而随着集群内企业的不断增加，分工的专业化与精细化使供应链上各个环节也不断被完善。正是通过这种不断的相互促进以及实际运行中的相互磨合，集群企业逐渐形成了本地一体化相对完整的趋势，使集群供应链能够快速响应市场需求，即形成了及时采购原材料、及时生产产品、及时销售产品以及及时配送的网络系统。基于集群供应链本地一体化的特点，企业在实际的运行中能够实现生产周期短、低库存、及时响应市场需求，同时，企业乃至产业集群的竞争力也会逐渐提高。

（3）承诺-信任的协作方式

集群供应链是由很多单链式供应链互相联结而形成的网络，对于每一条单链式供应链而言，都存在着一个核心企业，在核心企业的上下游存在着很多中小型企业，整条供应链呈现出以核心企业为主导、中小型企业协作的运行模式。其中，这些企业的协作方式比较灵活，有的以正式的契约方式进行合作，有的以非正式的承诺-信任的协作方式进行合作。而只有在集群供应链特有的本地一体化的背景下，链与链的企业之间才能彼此信任地完成协作，才能更好地相互促进、相互制约，彼此间密切合作，逐渐达成低库存、快速响应、及时生产，推进集群企业稳定健康发展。

（4）网络发展阶段性

集群供应链中包含多个核心企业、核心企业周围的配套企业以及起到支持作用的政府或者科研机构等组织，这些企业或组织相互联结就构成了集群供应链网络。具体来讲，起初的供应链是由纵向的相互合作的节点企业组成的，各企业之间的物流、资金流和信息流均沿着供应链纵向由上游流向下游，逐渐演化为纵向供应链的本地一体化。在这个过程中，集群供应链内各企业间会出现横向的竞争或者合作关系，各企业在集群供应链发展的不同阶段，会在纵向与横向的网络关系中相互转化。例如在集群供应链发展的某一阶段中，某一单链式供应链内的核心企业失去了竞争优势，这时其位置就会被横向关系网络中相互竞争的其他核心企业替代。这种由于不断竞争带来的集群供应链阶段化的发展，能够使集群供应链一直处于动态的最优状态，促进企业之间的竞合关系，从而大大地提高整个集群供应链的核心竞争力。

2.2　协同创新理论

2.2.1　协同创新的概念

随着市场竞争愈加激烈，市场需求复杂多变，消费者的个性化需求越发强烈，企业的生产成本也不断提高，导致很多企业在市场竞争的夹缝中艰难生存。为了提高企业的核心竞争力，摆脱市场环境带来的恶性竞争，企业必须要加快技术创新的步伐，适应快速且复杂的技术创新的脚步，并以此来保证企业的长期稳定发展。创新是一项高风险的活动，很多中小型企业由于技术创新投入大、回报不稳定、研发能力不足等因素而对技术创新望而却步。而集群供应链内企业间天然的相似性以及彼此间的密切联系，有利于协同创新顺利进行，所以协同创新逐渐成为企业甚至集群供应链整体提高竞争力、保持稳定可持续健康发展的重要手段。

协同创新的定义最早是由 Peter Gloor 提出的[132]，是指以企业、高校、科研机构、政府以及中介机构等组织机构为主体，为了实现资源的最优化配置，升级或创新技术，多个主体联合起来，通过知识和技术等资源的共享，依靠现代化的信息平台，最终实现各自目标以及最优协同效应的过程。值得注意的是，协同创新不只是表面上的合作，而是各参与主体之间进行深层次的合作，实现信息、技术乃至人才的有效整合，有效地避免传统企业独自创新的各种弊端，将各创新主体有效整合，达到资源的最优配置。另外，各创新主体在进行协同创新之前，必须具有共同的目标，确保参与创新主体的自身利益，这样才能激励各方的创新动力。同时，要建立相应的体制机制，保证在协同创新过程中各创新主体的权责明确、利益分配清晰合理等，既为各个主体提供了参与创新的保障，也能很好地保证协同创新稳定顺利地进行。

2.2.2 协同创新的特点

协同创新作为企业提高核心竞争力的重要手段，具有以下几个特点。

（1）各创新主体整体协作。参与协同创新的每个企业或者组织机构都是协同创新过程中必不可少的部分，各主体有机结合成一个整体，不同于企业间日常往来的合作。在协同创新过程中，各个主体之间密切联系在一起，统一协作，同时各个主体之间也互相牵制，为了共同的目标相互配合，以达到最优的协同效应。

（2）协同创新呈动态发展。协同创新主体之间实质上是动态联盟的关系，因为在不同的运行阶段，各创新主体的工作内容不同，协同创新的工作重点也会时刻发生变化。另外，协同创新的运作还受很多内外部因素的影响，如政府的政策、企业的内部环境等因素，都会使协同创新处于动态变化中。因此，协同创新的发展是呈动态化逐渐推进的。

（3）创新主体间资源共享。协同创新是参与创新的各主体相互合作的复杂的动态的过程，要达到现有资源的有效整合，实现各主体间广泛的协同。这就要求参与创新的各个主体要共享知识、技术和信息等资源，互相学习，不断交流，以促进协同创新的进行，这在协同创新中是十分重要的一部分，在很大程度上决定着技术创新能否成功。

2.2.3 集群供应链协同创新网络

集群供应链的协同创新网络是基于集群供应链网络的各创新主体相互协

作的创新网络。集群供应链协同创新网络的参与主体很多，往往由企业主导，一般为核心企业与其他企业、科研机构或者其他组织机构之间相互协同（见图 2-1），基于复杂多样的集群供应链网络本地一体化相对完整、承诺-信任的协作方式等特性，各个创新主体之间能够彼此协作，共享资源，以达成长期且稳定的协同创新关系。

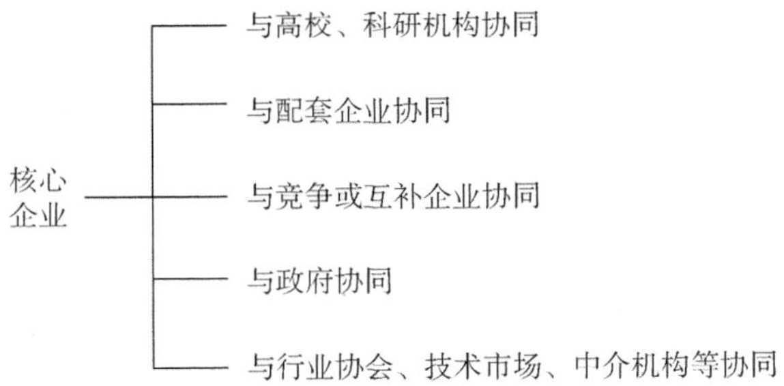

图 2-1　集群供应链协同创新形式

协同创新本身复杂多样，各创新主体通过协同创新网络紧密相连，将人、财、物、信息、技术等相互整合，生成所需创新要素，并在协同创新网络中流动、运转。同时，创新要素在积累的过程中，与外界也会不停地进行物质与信息的交换，促进协同创新的发展与进化，在动态的发展中保持长期稳定的状态。在协同创新过程中，各创新主体目标统一，整体协作，创新的能力远大于所有创新主体单独创新能力之和。所以，就参与协同创新的主体而言，协同创新能够实现资源的共享、技术的进步、知识的流动，进而能够增加协同创新整体以及各创新主体的收益，同时也能提升企业核心竞争力。集群供应链的协同创新网络与集群供应链的网络结构相似，复杂多样，既存在横向的协同创新网络，也存在纵向的协同创新网络，参与协同创新的主体既可以是企业与高校或者科研机构，也可以是企业与政府等其他的组织机构，具体的集群供应链协同创新网络如图 2-2 所示。

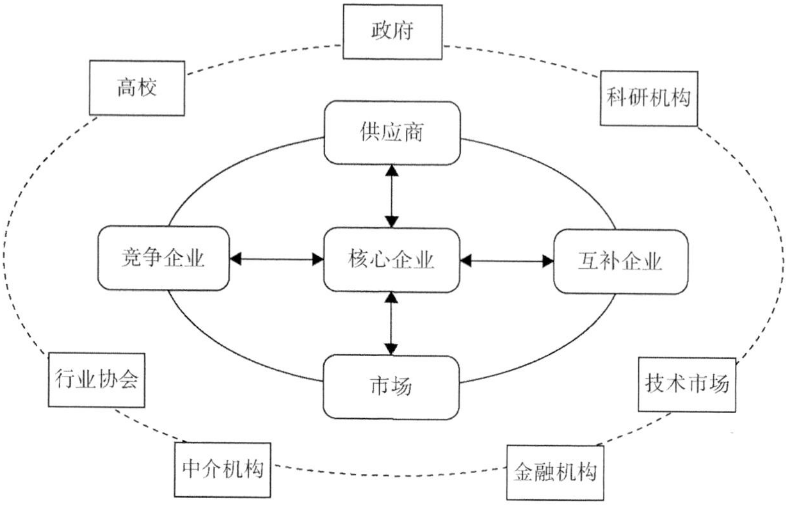

图 2-2 具体的集群供应链协同创新网络

2.3 风险管理理论

1949 年，法国著名学者 Henri Fayolgy 通过《一般管理和工业管理》首次提出了风险管理的概念，并将其应用于企业的一系列经营和管理过程中。接下来将从风险的概念、风险的特征、风险管理的程序等方面对风险管理理论的相关内容进行阐述。

2.3.1 风险的概念

企业在正常经营时的一系列活动中，往往会遭遇各种随机的事件，这些事件发生的概率及影响都是不可预测的，对企业的经营产生积极或消极的影响。所谓企业风险，是指在特定时间特定环境下，企业在进行正常的生产活动时，突然遭遇一些不可预测并会对企业造成恶劣影响事件的可变因素的过程。企业风险又称为“经营风险”，国务院国有资产监督管理委员会发布的

《中央企业全面风险管理指引》对企业风险的定义是："未来的不确定性对企业实现其经营目标的影响。"根据不同的分类标准，企业风险可以分为不同的种类。根据风险来源的不同，企业风险可以分为战略风险、财务风险、市场风险、运营风险和法律风险。根据风险管理的职能不同，企业风险可以分为经营风险、管理风险、财务风险和法律风险。

风险事件是指不可预测的风险通过某些特定的因素成为既定的事实，其往往表现为收益的不确定性。风险因素是指构成风险事件的相关可能条件，一系列的风险因素组成了基本的风险事件，如技术成熟度、资金来源难易程度、管理体系是否完善等。风险事件和风险因素可以进行区分，主要分析是直接原因还是间接原因。通常认为风险的概率直接反映在不确定性风险事件发生的频率，但是每个个体有自己的判断和不同的期望值，因此风险是具备主观性的，风险发生的概率是很难准确科学评价的，但是风险的程度是可以近似度量的。

风险管理理论认为风险包括纯粹风险和投机风险两种。纯粹风险是指由于某些不可抗力因素导致风险的发生，如自然灾害等。纯粹风险的结果一般只有两种：损失和不损失。投机风险指的是风险的结果既可以是获利的也可以是亏损的，另外也可以是动态平衡的。集群供应链企业协同创新的风险属于后者，集群内各经济主体期待通过技术的协同来获取自身应得的利益。产业集群协同创新在一系列风险因素指标的作用下，其结果只能有三种：协同创新项目成功，企业实现协同的目标，达到最初目的；协同创新失败，企业偏离预期甚至遭受损失；协同创新成功但未实行，可能由于推广效果差而出现偏差，也可能由于意外事件的发生导致协同创新被迫停止，企业实现平衡的投入产出比。

2.3.2　风险的特征

风险是客观存在的且不可准确预测的，风险可以表现为收益或损失的不确定性、主观意愿的不满和系统的缺失等。大量事实表明，风险可以通过有效的评价模型和预警手段来合理地度量和管理，可将风险的定性分析转化成定量处理。下面进一步从五个方面来分析风险的特征。

（1）不确定性

风险具有鲜明的不确定性特征，其具体表现为发生时间、地点、原因、形式和影响结果等的不确定，通常表现为收益或损失的不确定性。风险是否存在是不确定事件，是否发生又是难以预测的，但通过度量可以简单得到风险发生的概率，而通过风险预测和应对，可以控制或降低风险带来的影响。

（2）偶然性

风险时刻受外界状态的影响而决定其发生的概率以及发生的大小，但是由于企业等主体面临的风险与构成风险的要素之间存在信息不对称性，使风险事件不可预知。这种不确定性直接造成其发生的时间、地点、原因或者形式都是随机的，具有明显的偶然性。这样一种偶然事件表明，其存在一定的触发条件和叠加特质，因此也需了解通过科学合理的方法是可以度量并防范风险的发生的。

（3）可变性

风险的第三个特征是可变性，这说明了风险在从产生到正在经历再到化解这一系列的活动中是不断变化的。也就是说，原本没有风险的经营活动，可能会因为某些因素，使风险逐渐加大，增加了活动的不确定性，或者原本风险很大的经营活动，经过科学的评价与预警系统，使其降为最低，把不可行事件变为可能。这种可变性可以来自于活动主体和外界的变化等。风险影响因素、风险的发生形式和风险的阈值等都处于动态变化中，显现了风险的可变性。

（4）客观性

人们认为风险是一种现实存在的、既定的事实，不受人的主观意识的影响而发生改变。社会的发展规律和自然界的物质运动均是由事物本身的内部因素所决定的，表明了这些规律超前于人的主观意识，所以风险是不会彻底消失的，人们唯有通过科学合理的手段来分析风险的可能来源并度量风险的大小，尽可能降低其发生的概率，规避风险来源大的因素。

（5）主观性

风险虽然具有客观性，是既定的事实，但同时其又可以通过主观测量来量化处理，风险的发生及产生的影响具有主观能动性。风险的发生往往可以进行主观判断与度量，效用的偏差也具有主观性。由于风险的主观性特征，使其可以通过科学合理的手段来进行主观评价。

2.3.3　风险管理的程序

风险管理是指风险管理部门对企业经营过程中可能存在的风险因素进行识别、评价、应对和控制的一系列过程，是运用科学合理的管理措施来维护企业经营顺利进行的总称。风险管理的目的是识别并且预防或削弱即将面临的风险，进而将不确定性降为最低。

（1）风险识别

风险管理程序的第一步是风险识别，只有打好管理的基础，才会做好风险评价、应对和控制，这样整个风险管理的程序才是有效的、有意义的。通过各种科学合理的手段分析风险的来源，进而提取关键性风险因素，这是一个需要反复进行的步骤。企业经营所处的经济大环境和内部所处的小环境都是一个连续不断的过程，因此风险识别应该针对整个系统，风险识别也应该在风险管理的过程中不断进行。

（2）风险评价

风险评价是在风险识别之后，将风险因素定性化或者定量化的一个重要过程。风险评价是运用一定的主观或客观的方法评价出风险发生的可能性以及所遭受的损失，分析出不同风险因素的影响大小，同时通过一些量化的手段对风险的等级进行判断，分析该风险对协同创新的影响，进而判断该研发项目的取舍。

风险分析可以从定性、定量判断两个维度考虑。在分析风险时，一般从定性分析入手，其比定量分析更直接和快捷，尤其在评判风险等级时，可直接确立风险等级。同时风险的定性分析也为定量分析打好了基础。定量分析是把风险发生的可能性和影响因素的大小予以量化，根据不同风险的特点采取相应的风险综合评价方法，来确定可能的风险来源、不同风险来源对风险发生的影响程度、企业经营决策者的决策方向以及企业需要规避或降低的风险因素等。企业决策者根据风险综合评价的结果分析决定项目的具体实施情况，包括实施时间、实施地点和实施条件等，以求用最小的风险来保障技术创新项目的顺利实现。

（3）风险应对

风险应对是指经济活动主体在面临风险时，采取的一系列应对手段，以减小风险带来的不确定性。根据企业本身内外部环境的判断，针对企业开展项目的初期目标，围绕风险综合评价的数据结果分析，以减小风险来源，降低风险影响程度为目标，确定合理的研发方案，提高项目的成功概率，合理配置项目需要的各种资源要素。采取风险应对时应准确掌握风险的收支平衡度、项目的风险偏好和其承受能力。

（4）风险控制

风险控制是指企业在项目实施之前，对可能对企业有危害的风险来源进行分析，促使企业经营决策者积极地采取有效措施科学合理地控制风险的发生或将风险的发生概率化解到最小的一种手段。在风险控制的过程中需要综合考量多种因素，如风险的来源、风险的大小、企业风险承受能力、企业经营决策者的态度等，以采取相应的风险控制措施。风险控制存在于整个项目实施周期内，是对项目的全程跟踪与监控，是随项目的进展而时刻改变的，在项目开展的过程中，随时识别风险并迅速采取风险控制措施来调整项目的进程和方向。

风险管理的四大程序并不是单独的程序，而是彼此依赖和相互促进的。在项目的实施过程中，随时会有产生风险因素的可能，这些风险因素又可以随着外界条件不断变化而发生新的变化。已经产生的风险因素可能会逐渐消失，与此同时，随着项目的推进，又可能会不断产生新的风险因素。因此，风险管理部门应该实时监控项目风险，定期地进行风险识别和评价，面对风险时要采取积极的态度进行风险应对与控制，不断完善自身的风险管理体系。

2.4　评价理论与方法

2.4.1　评价的概念

所谓评价，就是对评价对象的价值、等级和水平等进行评定。具体地说，它是根据不同的评价对象和评价目的，利用数据资料和模型，从整体出发根据影响评价对象价值的各方面影响因素的情况水平对评价对象的价值进行评定。

这里所说的价值是一个综合的概念，从哲学意义上讲，就是评价主体（个人或集体）对某个评价对象（如待开发的系统或待评价的方案等）的认识（主观感觉）和估计。一般来说，价值问题有以下两个特点。

（1）相对性：由于评价对象总是存在于一定的环境条件下，而评价主体在评价时的立场、观点、环境和目的等均有所不同，对价值的评定也就会有所不同，即使对同一评价主体来说，随着时间的推移，对同一评价对象的评价值也会发生变化，因此造成了价值的相对性。

（2）可分性：评价对象的价值包括许多组成因素，即价值因素。就设备而言，其价值因素主要有性能、生产率、寿命、可靠性、适应性、节能性、可维修性和外观等。它们共同决定着设备的总价值。因此，在评价时可以通过对评价对象的价值做合理有效的划分，对其进行多方面的衡量与评价[133]。

2.4.2 评价的特点

（1）评价往往涉及对多指标和多因素的衡量

社会经济系统一般因素众多、规模庞大、结构复杂，描述其整体特性通常需要构建多层次结构的指标体系。例如，评价企业的经济效益和社会效益，涉及不同量纲的经济指标和社会指标，诸如劳动生产率、资金周转次数、技术进步贡献率、人均期望寿命等，这就决定了评价要应用多指标、多因素评价方法。

（2）评价通常需要将定性和定量分析相结合

在评价指标体系中，既有定量指标，也有定性指标。定量指标涉及面宽，没有统一度量单位。有的定性指标难以量化，如企业职工素质、社会安定程度等。这就要求用现代科学方法，将定量分析和定性分析相结合。

（3）评价是动态分析和不确定性相结合的过程

任何事物都是在运动和发展中的，其结构是运动中的结构，联系是过程中的联系，稳定是交换中的稳定。而且发展变化的事物有许多不确定因素，特别是在市场经济的条件下。因此，在对评价对象进行评价时需要考虑其动态性和不确定性。

（4）人的价值观在评价中起着一定作用

评价需要尺度和标准，以此衡量方案实现预定目标的程度。尺度和标准的选取与价值观密切相关。价值观是个人行为的基础，决定了人的偏好和倾向。尽管存在人们公认的行为准则，但是对具体方案的评价，难免有不同的标准和倾向。因此，评价既要反映评价者的价值倾向，又要符合客观实际。

2.4.3　评价的一般步骤

评价的一般步骤如图 2-3 所示。

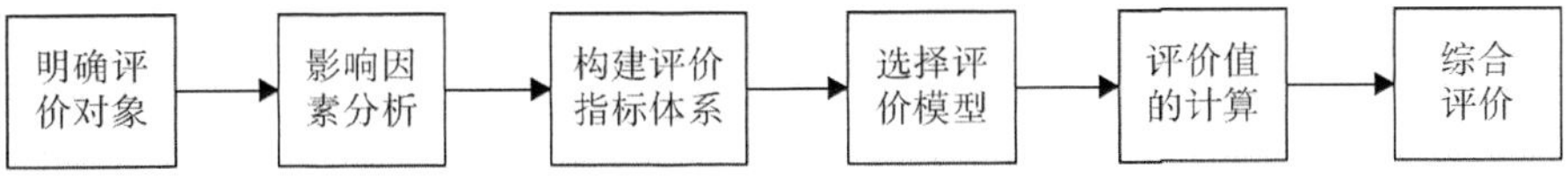

图 2-3　评价的一般步骤

（1）明确评价对象

明确评价对象就是明确所要评价的对象。这是进行评价的第一步。

（2）影响因素分析

首先要对影响评价对象价值水平的因素进行识别、归纳和总结。这一过程主要是在前人相关研究的基础上，结合对所评价对象有针对性地调研、分析和研究来进行的。影响因素分析应该尽可能地对影响评价对象价值水平的所有因素进行识别，并对其进行归纳、分类和分析。

（3）构建评价指标体系

在影响因素分析的基础上，根据影响因素的层次、结构、特点和类型设置相应的评价指标，并对评价指标进行筛选，排除一些相关性比较高的重复性指标，从而构建评价指标体系。评价指标体系是由多个相互联系、相互作用的评价指标，按照一定层次结构组成的有机整体。评价指标体系设置要注意全面和重点结合，绝对量指标和相对量指标结合，定量指标和定性指标结合。充分注意评价指标的有效性、可比性、准确性，指标含义明确，统计口径一致，数据采集方便，计算程序简捷。

（4）选择评价模型

模型是对客观系统本质属性和变化过程的抽象描述，提示系统主要因素的内在联系。同一个评价问题可以使用不同的评价模型，因此，对选用什么样的评价模型本身也必须做出评价。一般来说，应选择能更好地达到评价目的的评价模型。

评价模型本身是多属性、多目标的，尤其当评价的目的在于形成统一意见或进行群决策时，则在确定评价模型时会产生不同的看法。因此在对系统进行评价之前，应该在有关人员之间进行充分的无拘束的讨论，否则难以获得有效的评价。

（5）评价值的计算

当评价模型确定后，评价尺度也随之而定，在计算评价值前，还需确定各评价项目的权重。总之，评价尺度和评价项目的权重是能否使评价客观、正确、有效的重要因素。

（6）综合评价

综合评价就是对系统进行技术（功能）、经济、社会等各方面的全面评价。综合评价的方法和评价项目等应根据具体评价对象而定。

2.4.4 评价模型与方法介绍

评价模型与方法多种多样，大致可以分为三种类型：一是定性分析法，如专家调研法、德尔菲法、层次分析法等；二是定量分析法，如敏感性分析和主成分分析法等；三是将定性分析与定量分析相结合的方法，如模糊综合评价法、BP 神经网络法、灰色系统理论法以及数据包络分析法等。不同的评价模型和方法会造成评价分析结果的偏差，因此应该根据所评价对象的特点，选择科学合理的评价模型与方法进行评价。另外，也可在结合各自优点的基础上，综合使用多种模型方法进行评价。下面对模糊综合评价法、BP 神经网络法、灰色系统理论法与数据包络分析法四种模型方法进行逐一介绍。

（1）模糊综合评价法

模糊综合评价法最早由我国学者汪培庄提出，是基于模糊数学的基础对评价对象进行综合评价。此类模型所描述的事物本身含义是不明确的，客观事物边界具有一定的过渡性，即具有“亦此亦彼性”。其基本原理是通过确定评价等级的方式构建模糊综合评价矩阵，在得到各指标的权重值后，通过模糊算子的方式进行模糊运算并归一化，最终可获知被评价对象所在的评语集，从而得知被评价对象处于评价标准的哪一等级。该综合评价法通过把一些边界模糊的定性指标定量化的方式将定性评价转为定量评价，即用模糊数学对受到多种因素制约的事物或对象做出一个总体的评价。它具有结果清晰、系统性强的特点，能较好地解决模糊的、难以量化的问题，适合各种非确定性问题的解决。但模糊综合评价中的数据来源大部分是由专家进行主观评定的，在一定程度上带有个人主观色彩，尽管对数据的处理非常准确，但由于数据来源导致评价结果不够客观。

（2）BP 神经网络法

BP 神经网络法出现在 20 世纪 40 年代后期，是在传统 BP 算法的基础上进行算法的改进。传统的 BP 算法，实质上是把一组样本输入/输出问题转化为一个非线性优化问题，并通过负梯度下降算法，利用迭代运算求解权值问题的一种学习方法，但其收敛速度慢，且容易陷入死循环。改进后的 BP 神经网络算法在给出样本模式后，随机选定一组自由权值，作为输出层和隐含层之间的固定权值，通过传递函数计算隐含层的实际输出，再将输出层与隐含层间的权值作为待求量，直接将目标输出作为等式的右边建立方程组来求解。

在人工网络的实际应用中，近 90% 的网络模型采用的是 BP 网络及其变化形式。BP 神经网络的结构是由一个输入层、一个或多个隐含层、一个输出层组成的，各层由若干个神经元（节点）构成，每一个节点的输出值与输入值的关系由作用函数和阈值决定，神经元可以实现输入与输出之间的任意非线性映射。图 2-4 所示为典型的三层前向神经网络结构。

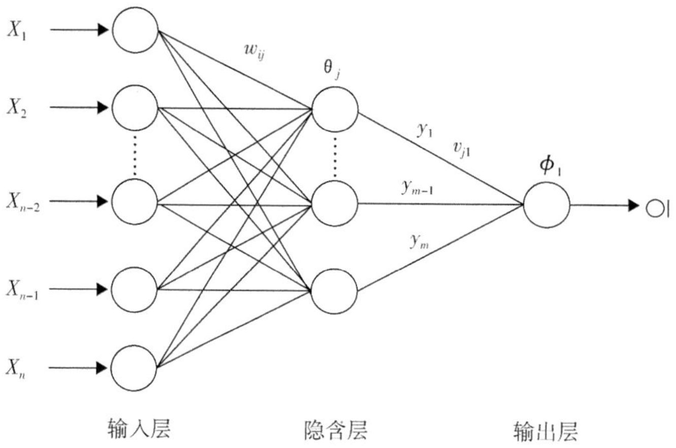

图 2-4　BP 神经网络结构

（3）灰色系统理论法

灰色系统理论是由华中科技大学邓聚龙教授首先提出并创立的一种新兴理论，主要针对一些包含未知因素的特殊领域的问题进行分析，其中包含农业、地质和气象等学科。此理论尤其适用于一些“部分信息已知，部分信息未知”的“小样本”“贫信息”不确定性问题的解决，通过对部分信息的生成、开发，提取有价值的信息，实现对系统运行行为、演化规律的正确描述和有效监控。所谓的“灰色”是指已知信息的明确程度较低，当所研究问题的已知信息明确程度为零时，就是所谓的“黑箱”问题。用“黑”表示信息未知，用“灰”表示部分信息明确、部分信息不明确。相应地，信息完全明确的系统称为白色系统，信息未知的系统称为黑色系统，部分信息明确、部分信息不明确的系统称为灰色系统。

灰色系统建模是进行灰色预测、灰色决策的基础，其建模过程可以分成五个步骤：语言模型、网络模型、量化模型、动态模型、优化模型。五步建模过程实际上是信息不断补充，系统因素及其关系不断明确，明确的关系进一步量化，量化后关系进行判断改造的过程，整个过程是信息明确度由黑向白转化的过程。

（4）数据包络分析法

数据包络分析法（DEA）由 Charnes 和 Cooper 于 1978 年创建，以相对效率概念为基础，以凸分析和线性规划为工具，通过保持决策单元的输入或输出不变，应用数学规划模型计算比较决策单元之间的相对效率，对评价对象做出评价，它能充分考虑对于决策单元本身最优的投入产出方案，因而能够更理想地反映评价对象自身的信息和特点。对于具有多项投入和产出的决策单元，数据包络分析法能够通过多项产出和投入指标加权和的比值来反映其相对有效性，此方法是效率测度中最常用的分析方法，然而该方法只能测算时间序列和截面数据的效率，无法应用于测算面板数据的效率。

2.5　合作博弈与收益分配方法

2.5.1　合作博弈理论

博弈论是一种解决矛盾与冲突的方法理论，可以分为合作博弈与非合作博弈。简单来说，两者的区别在于，非合作博弈关心的是策略，主要研究参与人在博弈中如何做出决策来使自己的盈利最大化，以及各方决策的均衡问题。而在合作博弈中，人们希望通过合作把蛋糕做大，并通过合理的分配使大家都能从中获益。因此，合作博弈关心的是最后的结果，不考虑合作中每个人的策略，因为大家的目标是一致的，而直接关注于最后的结局。所以，合作博弈重点关注合作获得的收益如何进行分配以及局中人达成的合作联盟是否稳定[134]。

合作博弈兴起于20世纪四五十年代。早在1944年Von Neumann和Morgenstern就在其著作《The Theory of Games and Economic Behaviour》中用特征函数描述了合作博弈的概念。此后，一些学者为合作博弈理论的形成做出了重要贡献，同时他们也成为合作博弈论的奠基人。Nash就是这些人中的一员，他在1950年提出和讨论了“讨价还价”模型，并给出了“纳什讨价还价解”，从而开辟了用数学方法讨论合作收益分配的途径。不仅如此，Nash还证明了“纳什讨价还价解”是符合度量无关性、帕累托效率性和不相关选择无关性的唯一讨价还价解。此后Shapley针对n人合作博弈问题提出了“Shapley value”这一收益分配方法并对其进行公理化阐述。“Shapley value”是从公平、公正、合理的角度对联盟收益进行分配的重要方法。该成果到现在依然被认为是合作博弈理论中最重要的研究成果之一。此外，Gillies和Shapley于1953年提出了“核”的概念，并成为研究合作联盟稳定性最重要的工具之一。“核”为以后合作博弈收益分配的研究提供了重要的衡量标准。这一系列的理论奠定了合作博弈论的基本框架。但此后博弈论的发展热点却转向了对非合作博弈理论的研究。直到20世纪90年代以后人们逐渐认识到合作博弈在解决矛盾冲突问题中的重要作用。此时合作博弈才重新成为学术界关注的热点。而且2005年和2012年为表彰在合作博弈方面做出突出贡献的学者，诺贝尔经济学奖分别授予了以色列学者Aumann以及美国学者Schelling和Shapley。

2.5.2 收益分配方法

收益分配方法也称为合作博弈的解，它是合作博弈论研究的主要问题之一。如果不能对合作所创造的共同收益进行有效合理的分配，联盟的参与人就不可能组成一个稳定的合作联盟。而收益分配方法就是对联盟合作收益进行分配的计算方法。因此对一个合作联盟来说，能否找到适合的收益分配方法是研究联盟合作博弈问题的关键所在。在现有合作博弈理论中，较为常见的收益分配方法主要包括 Shapley 值法、Nash 谈判模型、核仁法、按比例分配和平均分配。下面将对这些方法进行逐一介绍。

（1）Shapley 值法

Shapley 值法是 n 人合作博弈中最为经典的收益分配方法，由 Shapley 于 1953 年提出。其思路是以“失去”某联盟成员造成的联盟损失来衡量该成员对联盟的贡献，并根据成员对联盟所做的边际贡献来划分联盟收益。按照 Shapley 值法分配给联盟参与人 i 的收益可以用如下函数进行计算：

$$\phi_i(\nu)=\sum_{S\subseteq N, i\in S}\frac{(|S|-1)!\ (n-|S|)!}{n!}[\nu(S)-\nu(S\backslash\{i\})]$$

由于该方法所具备的诸多优点，使其长久以来一直是合作博弈研究中使用最多的收益分配方法之一，但是 Shapley 值法也同时存在一个明显的缺点，就是在大多数情况下它都不属于合作博弈的核，除非该合作博弈是一个凸博弈。

（2）Nash 谈判模型

Nash 谈判模型可以用来解决多人收益分配的问题，其原理是使各主体合作决策与单独决策之差的乘积，即纳什积达到最大，故可以看作是对数学规划的问题进行求解。设集合 $N=\{1,2,\cdots,n\}$ 表示由 n 个主体组成的集合，以 $v=\{v_1,v_2,\cdots,v_n\}$ 表示各决策主体在单独决策时可以获得的最大收益，以 $X=\{x_1,x_2,\cdots,x_n\}$ 表示各决策主体在合作决策时所分配的收益。将问题转化为非线性规划的问题，可以解得唯一的 Nash 解：

$$\max\prod_{i\in N}(x_i-v_i)$$

$$\text{s.t.}\begin{cases}\sum\limits_{i\in N}x_i-\sum\limits_{i\in N}v_i=0\\ v_i<x_i\end{cases}$$

当纳什积 $\prod_{i\in N}(x_i-v_i)$ 达到最大时，即可得到唯一的收益分配方案。

Nash 谈判模型广泛应用于各参与主体采取不合作策略的情况，目的是在各主体收益达到最大化时寻求一个均衡状态。而在企业协同创新的情况下，由于企业之间是为了在整体收益最优时寻求各自收益的最优，所以该收益分配的方法并不适合企业协同创新的收益分配的问题。

（3）核仁法

核仁法（Nucleolus）也是合作博弈收益分配方法中较为重要的方法之一。它是 1969 年由 Schmeidler 提出的。核仁的计算方法如下：

对于联盟的任意一个收益分配向量 $\boldsymbol{x}=(x_i)_{i\in N}\in R^n$，定义 $e(S,x)=\nu(S)-\sum_{i\in S}x_i$。$e(S,x)$ 表示子联盟 S 可以获得的收益相对收益分配向量分给 S 中参与人总收益的超出值，这里称 $e(S,x)$ 为子联盟 S 的超出值。$e(S,x)$ 越大，则子联盟 S 中的参与人就越不满意，相反，$e(S,x)$ 越小就越满意。可以计算出大联盟 N 中所有 2^N 个子联盟的超出值。将其从小到大排列，并用 2^N 维向量 $\boldsymbol{\theta}(x)$ 表示：

$$\boldsymbol{\theta}(x)=\begin{bmatrix}\theta_1(x)\\ \theta_2(x)\\ \vdots\\ \theta_{2^N}(x)\end{bmatrix}=\begin{bmatrix}e(S_1,x)\\ e(S_2,x)\\ \vdots\\ e(S_{2^N},x)\end{bmatrix}$$

同理，对于另一个收益分配向量 $\boldsymbol{y}=(y_i)_{i\in N}$，也可以计算出 $\boldsymbol{\theta}(y)$。按照 Schmeidler 给出的比较规则可以对 $\boldsymbol{\theta}(x)$ 和 $\boldsymbol{\theta}(y)$ 进行比较，若 $\boldsymbol{\theta}(x)<\boldsymbol{\theta}(y)$，则说明分配 x 优于分配 y。所以最终得出的核仁 $N(\nu)$ 表示如下：

$$N(\nu)=\{\boldsymbol{x}\in\boldsymbol{E}(\nu)\mid\boldsymbol{\theta}(x)\leqslant\boldsymbol{\theta}(y),\forall\,\boldsymbol{y}\in\boldsymbol{E}(\nu)\}$$

其中，$\boldsymbol{E}(\nu)$ 是所有收益分配向量的集合。核仁具有一些很好的性质，如总是属于核中、唯一性和对称性等，但是核仁的计算比较复杂。

（4）按比例分配和平均分配

按比例分配是最为常见的一种收益分配方法，意思是按照不同要求决定的比例将所得收益分配给各参与主体。对于不同的研究角度，有各种不同的比例要求，如按照参与主体的投入分配收益、按照参与主体的努力程度分配收益、按照参与主体所分担的风险分配收益等。其中，平均分配作为按比例分配的一种特殊情况，不管各参与主体的情况如何，也不管收益的分配受何种因素影响，平均分配都会以“平均”为原则，使参与主体各方所得的收益均等。

按比例分配的数学表示一般为：假设有 n 个企业参与协同创新，其中，企业 i 的投入为 I_i，风险系数为 R_i，协同创新给合作的整体所带来的总收益的增加量为 π，企业 i 所分得的收益为 π_i，此时企业所得的收益可以由企业自身的投入以及其所承担的项目风险来决定。所以，企业 i 的收益分配比例 δ_i 由 I_i 和 R_i 共同决定，可表示为 $\delta_i(I_i,R_i)$。因此，基于按比例分配的原理，且企业 i 的收益分配比例为 $\frac{\delta_i(I_i,R_i)}{\sum_{i=1}^{n}\delta_i(I_i,R_i)}$，$i=1,2,\cdots,n$，故企业 i 分配所得收益如下：

$$\pi_i=\frac{\delta_i(I_i,R_i)}{\sum_{i=1}^{n}\delta_i(I_i,R_i)}\pi \quad (i=1,2,\cdots,n)$$

此时，要满足以下条件：

$$\sum_{i=1}^{n}\delta_i=1,\ \frac{\partial\delta_i}{\partial I_i}>0,\ \frac{\partial\delta_i}{\partial R_i}>0$$

若采取平均分配的方式，基于上述假设，则企业 i 分配所得的收益为：

$$\pi_i=\frac{1}{n}\pi \quad (i=1,2,\cdots,n)$$

按比例分配和平均分配都是在“共享收益，共担风险”分配原则的基础上进行的。该方法可以同时考虑收益的分配以及风险的分担，使企业能够得到与付出所匹配的收益，有利于促进协同创新的进行。因此，该方法也是在协同创新收益分配中应用较多的方式。

第3章

集群供应链企业协同创新的风险度量研究

本研究希望评估集群供应链企业在协同创新过程中，不同企业所分担的相对风险，并据此设计能够更好地反映创新风险与收益对应关系的收益分配机制。因此在设计收益分配机制之前，需要对企业在创新过程中承担的相对风险进行评估，而这主要涉及对企业所参与的协同创新项目风险以及企业的风险承受能力进行评估和度量。在本章中提出了对集群供应链企业协同创新项目进行风险评价和度量的方法体系。

3.1 协同创新风险因素指标体系构建

3.1.1 风险因素指标体系的构建原则

产业集群实现了人员、技术和环境等的资源配置，其发展处于动态变化之中，因此风险因素指标体系的构建需要考虑资源之间的紧密联系，要体现出不同层次和不同属性。风险因素指标的选择应综合考量指标构建体系的完善、构建层次的清晰，揭示风险因素指标内在的发展规律，达到静态与动态的统一。集群供应链协同创新研发项目风险管理会受到科研技术、市场经济、相关政策等诸多因素的影响，为了保障风险评价顺利展开，为了确保评价结果的真实准确，应在多角度、全方位分析的基础上构建风险因素指标体系。因此，为了风险评价的需要，在建立产业集群供应链中企业协同创新风险因素指标体系时，主要依据如下六项原则。

（1）系统性原则

对于集群供应链协同创新风险管理，分析其所处环境、风险管理的主体、综合评价方法以及风险管理的程序等，其处处体现出系统性原则。应结合系统论原理来建立健全的风险评价指标体系，使之更加系统、完整。基于系统性原则构建的指标体系既能完整地体现企业的经营状况，同时也可以帮助选择最佳的风险综合评价方法，进而能全面地反映出协同创新风险的各个层次，有助于企业相关技术研究人员系统性地掌握研发项目的风险状况。

（2）可操作性原则

风险因素指标的设计必须满足可操作性原则，操作起来简单方便。若设计的风险因素指标含义不够明确、层次不够分明，则会加大评分者的审题难度，不利于操作，而且不精准的指标不能科学地反映出集群供应链协同技术创新项目所面临的各种风险因素。因此在构建指标体系时，应遵循指标的可操作性原则，结合所属行业的现状，构建最为完善的指标体系。

（3）客观性原则

在建立指标体系过程中，要保证指标的客观性，需要准确地表现出产业集群协同创新的各种风险状况，有效地、完整地、客观地反映整体水平，不能以个人意志为转移。指标体系的建立要充分结合现实情况，需准确体现协同创新的风险等级，风险评价的数据尽量客观公正，不掺杂主观意愿，据实反映，充分显现指标体系应遵循客观性原则。

（4）科学性原则

风险因素指标的选取并不是随意且毫无规矩的，应遵循科学性原则，以公正的态度选取最适合的指标，能够客观地反映协同创新风险的实际情况，进而对后面风险的评价奠定好基础。为了使评价结果能真实合理地为技术研发人员提供风险数据，指标的选取必须体现科学的原则，既规避了风险指标重复选取对结果的不利影响，又保证了结果的真实有效。

（5）动态性原则

在产业集群协同创新研发项目开展的过程中，企业生存的内外部环境是动态变化的，企业内部人员的素质、技术的变革等是不断更新的，同时行业的需求、政府的相关政策等也处于动态变化中，全方位影响协同创新项目的开展，进而改变企业的发展方向。所以，要基于动态发展的视角来选择风险因素指标，以求保障指标体系的健全。

（6）显著性原则

协同创新的风险影响因素较为烦琐，在内外部大环境的影响下又处于动态变化，这就表明在选取风险因素指标后，要剔除重复性或相关性高的指标，筛选影响大的关键性风险因素指标，以便全方位地了解风险特征，也能更好地解释风险评价结果。因此，在构建产业集群协同创新风险评价指标体系时，若指标过多，应依据显著性原则选取精密性强、显著性程度高、层次明显的指标，降低指标的模糊性和重复性，建立健全风险因素指标体系，提高风险评价的准确度，为企业进行风险管理提供一定客观的数据支撑。

总之，评价指标体系的建立是风险识别的重要形式，是为风险管理打好基础。因此，指标的构建应遵循上述相关原则，科学、客观、合理地对指标进行筛选，定量与定性分析相结合来构建完备的指标体系，杜绝主观臆断。

3.1.2 协同创新风险的影响因素分析

（1）外部因素

本书所提到的外部因素是指相关政策或经济环境的波动等，对产业集群供应链中企业协同创新项目造成不可避免的风险，暂不予考虑自然环境对产业集群协同创新造成的可能风险来源，例如宏观经济环境的繁荣与否、产业集群相关法律法规与政策的干预、企业对知识产权的保护意识的强弱、集群上下游竞争对手的影响程度以及客户对相关产品的需求等。外部环境具有很强的不确定性，且不可改变，这些外部环境因素都会给产业集群进行协同创新带来风险。

（2）集群因素

产业集群是各企业开展协同创新项目的重要手段，与此同时，集群风险也是高端装备制造产业发展所面临的困难之一。产业集群上下游企业，因为共同的利益而展开协作，作为有共同目标的产业集群，不同于单一企业独自进行技术创新，需考虑整个集群内各企业间配合的程度以及集群整体所处环境。包括集群生命周期处于生长期还是衰退期、集群上下游企业是否能合理分配利益、该集群整体在行业中的竞争力水平、集群内是否有统一的企业文化与知识标准、企业是否有强烈的长期合作的意愿、企业之间面临的“搭便车”等道德风险以及集群的开放程度等，集群因素对协同创新项目的影响不容忽视。

（3）协同创新主体因素

产业集群协同创新主体间存在一荣俱荣、一损俱损的合作关系，因此产业集群协同创新主体直接影响协同创新的成败。例如，集群内上下游企业朝三暮四甚至中途放弃合作、企业自身是否有良好的管理制度、企业在行业内的名誉、企业对市场信息的掌控程度、各企业间是否具有匹配的创新能力以及协同主体间创新结构的合理程度等都是主要的风险来源。这些因素构成了协同创新主体因素，应从这几个方面对协同创新风险进行识别与控制。

（4）协同创新资源因素

协同创新资源因素也是不容小觑的风险来源，这是产业集群进行协同创新最根本的支撑力量。涵盖人力、物力和财力，具体包括：协同创新项目科研人员的实力与素质、技术的成熟度、技术的复杂程度与难度、技术是否容易被替代、协同创新产品的生产周期、项目研发所需的资金数额以及信贷资金来源的难易程度等，这些企业的命脉一旦不能准确把握，将会给协同创新项目带来巨大损失，甚至将企业带入不可挽回的境地。

3.1.3 风险因素指标归纳

结合前文有关产业集群协同创新风险影响因素的可能来源的分析，从外部因素、集群因素、协同创新主体因素和协同创新资源因素四个方面，归纳了25个风险因素指标，具体如下。

（1）经济环境波动 c_1

企业作为集群供应链协同创新主要的经济活动主体，其存在于经济大环境的动态变化中，因此企业开展协同创新项目时必然要遭受经济环境或繁荣或萧条的影响。特别是一些易受经济环境影响的产品，其价格与需求随经济环境的波动而不断变化。若经济环境波动大，风险就随之增大，此时不利于进行协同创新。

（2）集群供应链间产品竞争 c_2

集群供应链间若商品大同小异，则必然导致内部竞争。若发生恶性竞争，则很有可能两败俱伤，从而导致集群衰退。同时，同行之间的竞争会改变企业自身的生产或市场推广计划，进而会改变协同创新项目的研发。因此，集群供应链间产品的竞争也是影响协同创新风险的一个因素。

（3）产业政策或法律影响程度 c_3

政府的相关产业政策，无论是支持还是限制，都会对企业产生很强烈的导向作用。政府充分发挥其对协同创新的宏观引导作用，结合顶层设计，科学地做出战略发展规划。如今国家制定的一些相关法律法规，为企业协同创新提供便利与支持，这便直接形成了企业的协同创新战略。但有些政策也会对某些产业产生负面影响。另外，具体政策对大中小企业的影响程度也是不同的，这便会给不同企业带来差异。

（4）知识产权保护情况 c_4

集群内企业协同创新成果的归属问题也需明确，同时防止其他集群外企业窃取成果。对知识产权保护工作足够重视，必然就降低了协同创新的风险，否则无形之中就增大了风险，对企业非常不利。所以，企业必须加强知识产权方面的自我保护意识。

（5）用户对产品要求情况 c_5

技术创新研发产品最终要推向市场并面向终端，所以企业应以用户需要为出发点进行技术创新。用户对产品要求越高，创新难度便越大，从而增加了企业协同创新的风险；用户的要求越低，创新的成功率越高。但不难发现，该协同创新项目的价值也会越低。

（6）集群生命周期所处阶段 c_6

若集群处于萌芽期，尚未形成成熟的体系，则此时进行协同创新的风险很大。相对而言，若集群处于衰退期，市场对产品的需求越来越小，则已经没有再进行技术创新的必要，应该及时选择新的方向。因此，处于上升期的集群，更利于企业开展协同创新项目，风险也会降到最低。

（7）企业利益分配是否合理 c_7

集群内企业的合作，是资源互补的过程，由于企业实力大小不等、所拥有资源不同等原因，各企业付出的成本是不同的。集群内企业利益分配的合理度，直接关系到产业集群整体的稳定性。没有永远的朋友，只有永远的利益。若利益分配不合理，将会降低合作企业的参与度，甚至停止合作。相反，企业就会增加信任感，进而促进协同创新的合作，达成共识。

（8）集群供应链中优质企业流出 c_8

优质企业的加入能提高集群供应链的竞争力，协同创新项目的研发也会非常顺利。相反，优质企业的流出是非常危险的状况，集群供应链内剩下一些实力较弱的企业，势必增加了协同创新失败的概率，使企业面临巨大风险，因此在协同创新项目展开之后，应避免优质企业退出合作。

（9）知识标准统一程度 c_9

若集群供应链内各企业有统一的知识标准，会有利于相互间的交流，协作起来也很得心应手。同时，拥有统一的集群文化，更会凝聚团队，使该集群供应链具有团队向心力，进而激励员工的工作热情。反之，若企业间技术、知识和文化等存在较大的差异，那么在经济活动中的交流与合作就会产生分歧。而且，当企业间的差异无法消除时，部分企业可能会选择放弃参与，从而给其他企业造成不利影响。

（10）集群供应链中企业道德风险 c_{10}

集群供应链中企业实行资源共享机制的同时可能会面临道德风险。道德风险是指集群供应链上下游企业为了充分实现其本身的利益最大化，做出不利于合作企业或者集群供应链整体利益的举动而产生的风险。一些企业不百分百地付出努力，通过“搭便车”等投机行为，获取其他企业的技术溢出，或者企业出于自身趋利避害的本性，只顾自己利益，并不顾全大局，甚至泄露商业机密等，这些都是企业不正当的经济行为，也是企业鼠目寸光的表征。

（11）集群整体竞争力水平 c_{11}

作为一个整体，整体竞争力水平越高，会带动其内每一个企业都斗志高昂，技术水平及人员实力都会得到很好的发挥。若集群整体竞争力水平低，技术创新过程所需的时间便会增加，从而增大技术创新的风险。因此，维持一个较高的竞争力水平，有利于企业持续健康的发展。

（12）集群封闭自守 c_{12}

若要开展协同创新项目的研究，建立一个技术、知识和文化等信息共享的平台是十分必要的，这也是社会发展的必然产物，它可以提高协同关系的紧密程度。而集群封闭自守如同闭门造车，使技术长期处于一个很低的水平，内部创新实力也将逐步减弱，技术创新项目面临淘汰，造成未始即终的局面。同时，如果产业集群内企业封闭自守，领先企业不能进入，衰退企业不能退出，那么该产业集群必将丧失活力。只有加强与外界的沟通，接受新的技术与挑战，才能增加协同创新项目的价值。

（13）企业中途停止合作 c_{13}

产业集群内有企业中途停止合作，甚至是龙头企业退出，将给该创新项目带来很大损失，可能会导致该项目止步于此。因此一旦选择合作，就要全力以赴，避免损人不利己的行为发生。

（14）企业信誉与知名度 c_{14}

若企业有很高的知名度和良好的信誉，无形中会增加合作企业的信任感，那么合作的稳定性也会提高。同时，企业的知名度越高，进入市场也越容易，这是一种无形的资本。

（15）主体间创新结构合理程度 c_{15}

集群供应链内主体间创新结构的合理程度，直接影响了该协同创新项目的成败与否。不合理的创新结构将导致创新效率低下，甚至造成团队解散。因此在企业进驻产业集群之时，就应考虑该企业的创新体系对整体的影响，选择一批适合的企业，构建合理的创新结构。

（16）企业对市场信息的把握 c_{16}

市场资源与信息可能瞬息万变，能准确地把握市场走向是企业长久平稳发展的基本之道。若无法预测市场需求的规模、格局等，可能导致新产品推迟进入市场，产生错误的生产及营销策略，将给企业带来很大损失，这与企业进行协同创新的初衷背道而驰。

（17）各企业创新能力匹配度 c_{17}

由木桶原理可知，集群供应链内企业协同创新能力受短板企业的限制，因此，合作企业间若协同创新能力不相符，就会造成沟通困难、配合默契度差等一系列问题。企业若想参与协同创新项目研发，本身的创新能力一定要与合作企业相符，则研发项目的成功率也会提高。

（18）企业管理能力低 c_{18}

管理能力低的企业在协同创新开展的过程中会产生管理风险。管理风险一般是可以控制的，企业的管理能力给协同创新合作带来很大的影响。如企业调研不充分、经营决策有误、资源要素配置不完善、风险管理系统不健全等，均会使协同创新过程中的管理风险加剧。没有规矩，不成方圆。若企业没有良好的管理制度，则不利于进行协同创新这样一种高风险活动。

（19）科技人员实力水平 c_{19}

科技人员是企业开展技术创新的基本要素，是创新过程中的重要载体。企业创新人才的素质参差不齐，若该创新项目科技人员整体实力水平高，则会提高该项目的成功率，也会加快创新进程。如果科技人员知识不够丰富、经验不够多、创新意识不强，将增加创新项目的风险。因此，人为因素不容忽视。

（20）技术成熟程度 c_{20}

协同创新主体通过知识、技术和文化等的资源集中，共同参与经济活动，因此技术在很大程度上影响了协同创新项目的开展。若该技术尚未成熟，则会加大协同创新难度，增大风险。且由于长鞭效应，市场端风险便会急剧增加。尤其在技术未成熟期，其很容易被新技术所替代，则该创新项目没有开展的必要，将很可能导致该项目失败。

（21）技术复杂程度与难度 c_{21}

技术的复杂程度越高，其越难以进行创新，所需的资源成本便越大。可一旦高难度的协同创新项目获得成功并投入市场，则会成为企业的立足项目。尽管如此，复杂项目的成功率依然很低，不建议冒险尝试。

（22）技术的可替代性 c_{22}

技术的发展变化十分迅速，若本身不是高端技术，那么其会比较容易被复制与模仿，导致该技术被替代，那么没有创新的必要，停止创新可以避免不必要的损失。若技术不容易被替代，则说明其具有竞争力，可以进行技术创新项目的研发。

（23）新产品生产周期 c_{23}

新产品生产周期若比较短，则加快了资金的回流，资金周转迅速可以保障企业的平稳运营。若新产品生产周期过长，则产品尚未投入市场，便有新技术更替，使投入的大量技术创新资金尚未收回成本就已更新换代，无形之中使企业增加了风险。

（24）创新启动资金需求大小 c_{24}

启动资金的投入力度将影响企业协同创新的开展，资金不到位则是企业的硬伤。特别是在协同创新项目开展的初期，一切有利于创新的环境建设都离不开资金上的支持。若协同创新项目所需资金数额很大，则会增加财务风险；若该协同创新研发项目不成功，那么面临的损失也会很大。

（25）信贷资金来源难易程度 c_{25}

资金的来源直接决定了协同创新的经济基础，充足的资金来源会保证协同创新项目的顺利展开。信贷政策的改变、融资渠道变复杂等问题都直接影响着企业的经济命脉。

3.1.4　风险因素指标体系构建

根据前文的协同创新风险影响来源的分析，遵循科学合理的原则，构建产业集群协同创新风险因素指标体系如图 3-1 所示。

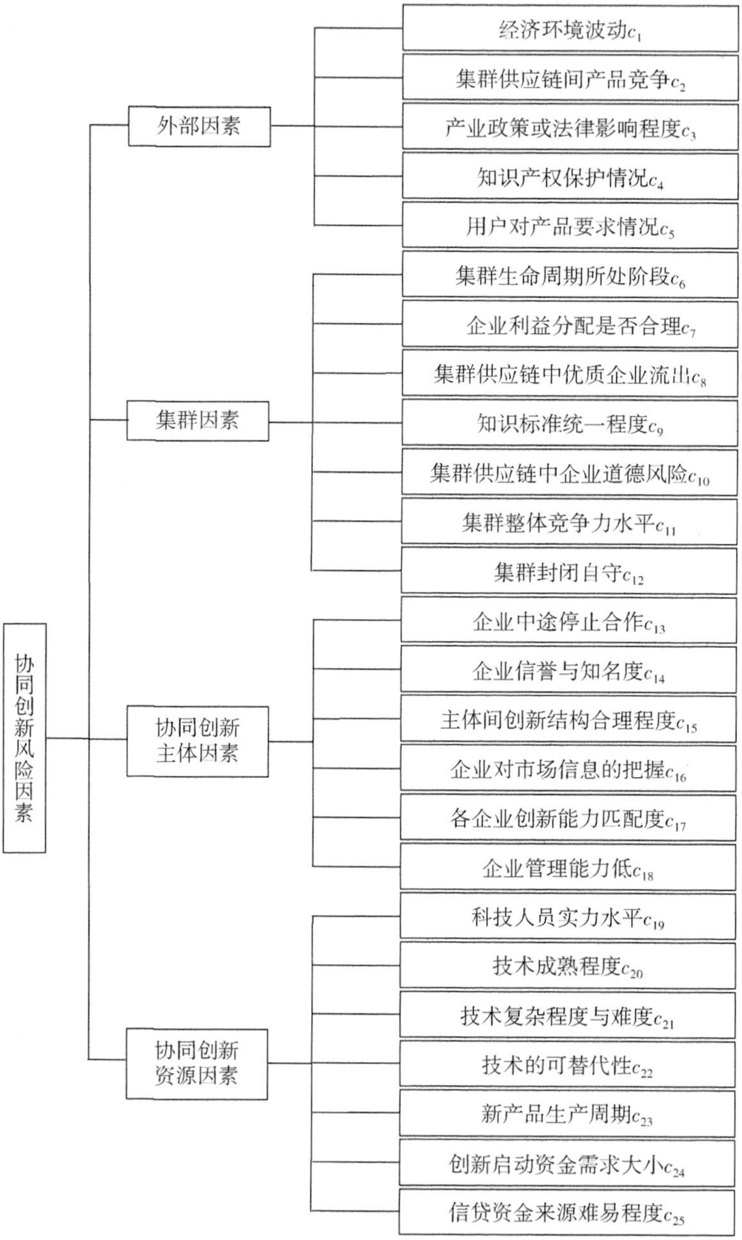

图 3-1 集群供应链协同创新风险因素指标体系

3.2　基于组合赋权的物元可拓风险度量模型

构建科学合理并且适合集群供应链企业协同创新的风险度量模型，是风险管理中关键的步骤。物元可拓模型由事物的基本元以及可拓论结合而成，是我国著名学者蔡文在 1983 年首次提出的，经过 30 多年的努力，现已逐步发展成形，成为一种非常实用的建模工具。可拓学理论利用可拓的物元关系式把事物及其特征表达出来，通过采取数学工具与方法建立可拓模型，为定量描述事物的特征做铺垫。物元可拓理论将定性判断与定量研究相结合，非常适用于创新风险的度量。但在现有的相关研究中，该方法通常结合主观赋权，使其存在比较大的随意性，过于依赖专家的经验判断，不同背景和身份的专家给出的评分值也有不小的差异。因此，往往对最终度量结果的科学性造成一定的影响。本研究改进了原有物元可拓模型的主观赋权法弊端，构建了一套基于组合赋权的物元可拓风险度量模型。

3.2.1　确立待评项目物元模型

物元可拓模型从定性、定量两个角度解决问题，结合关联函数的计算来确定待评项目的等级。既能考虑企业协同创新项目的不确定性，又能体现出不同评价指标的级别差异以及同一级别内的不同位置。物元可拓模型是将物元概念引入可拓论。事物 N、事物的特征 c 及其量值范围 v 是组成物元的三个要素，表示为 $\boldsymbol{R}=(N,c,v)$ 。

一个事物包含有多项特征，可以通过建立多维特征物元矩阵来描述事物这种“一物多征”的性质。若待评事物 N 有 m 个特征，分别对应 v_m 个量值范围，则多维物元矩阵记作：

$$\boldsymbol{R}=(N,c_i,v_i)=\begin{bmatrix} N & c_1 & v_1 \\ & c_2 & v_2 \\ & \vdots & \vdots \\ & c_m & v_m \end{bmatrix} \tag{3-1}$$

3.2.1.1 确定经典域物元矩阵

设 N_o 为待评事物，共有 m 个评价指标，将待评事物分成 n 个等级，从 1 级到 n 级风险逐级增大。则 c_i 表示第 i 个评价指标，$v_{oi}=\langle a_{oi},b_{oi}\rangle$ 表示关于第 i 个指标处于 o 级风险时的量值范围，即经典域。其中 $i=1,2,\cdots,m$；$o=1,2,\cdots,n$。

$$\boldsymbol{R}_o=(N_o,c_i,v_{oi})=\begin{bmatrix} N_o & c_1 & v_{o1} \\ & c_2 & v_{o2} \\ & \vdots & \vdots \\ & c_m & v_{om} \end{bmatrix}=\begin{bmatrix} N_o & c_1 & \langle a_{o1},b_{o1}\rangle \\ & c_2 & \langle a_{o2},b_{o2}\rangle \\ & \vdots & \vdots \\ & c_m & \langle a_{om},b_{om}\rangle \end{bmatrix} \tag{3-2}$$

3.2.1.2 确定节域物元矩阵

$v_{pi}=\langle a_{pi},b_{pi}\rangle$ 表示关于第 i 个指标处于第 1 级风险到第 n 级风险时的量值范围，即节域。其中 $v_{oi}\subset v_{pi}$。

$$\boldsymbol{R}=(N,c_i,v_{pi})=\begin{bmatrix} N & c_1 & v_{p1} \\ & c_2 & v_{p2} \\ & \vdots & \vdots \\ & c_m & v_{pm} \end{bmatrix}=\begin{bmatrix} N & c_1 & \langle a_{p1},b_{p1}\rangle \\ & c_2 & \langle a_{p2},b_{p2}\rangle \\ & \vdots & \vdots \\ & c_m & \langle a_{pm},b_{pm}\rangle \end{bmatrix} \tag{3-3}$$

3.2.2 权重的确立

权重确立的准确与否直接影响评价的准确性，某一指标权重值的改变，就有可能产生蝴蝶效应，所以选择最佳的赋权方法是评价问题中的关键步骤。

赋权方法一般包括客观赋权法和主观赋权法两种。客观赋权法是利用相关的数学方法来找寻数据之间关系进而确定权重的方法，其结果有科学的数学理论支撑，不受人为主观臆断的影响。然而客观赋权法的弊端在于其基于大量样本数据，并且要结合相关实际的客观情况，因此并不是十分通用，相关计算方法也随着数学建模的难度而加大。同时客观赋权法无法体现出评分者对各种因素指标的主观重视程度或态度。主观赋权法依据不同的评分准则综合相关专家的评分对指标进行主观赋权。但主观赋权法较为依赖专家的多年经验，不同专家对指标的评价有不同的理解，因此指标的权重值也掺杂了很强的主观性，影响了评价结果的科学性。

本研究综合使用两种赋权方法，主观赋权法采取层次分析法，客观赋权法采取熵值法，分别计算主、客观权重值 w' 和 w''。在此基础上，结合非线性规划模型的构建，求出其最优值，即最佳组合权重值。改进后的权重，不仅能参考主观经验又能结合客观事实。

本研究共有 m 个评价指标，第 i 个评价指标 c_i 的权重值为 w_i，且 $\sum_{i=1}^{m} w_i = 1$。

3.2.2.1　主观赋权

本研究利用层次分析法计算得出主观权重值。

层次分析法由美国著名运筹学家 Saaty 于 20 世纪 70 年代初首次提出。层次分析法的基本原理是，通过分析指标之间的相互关系将一个难题划分为不同的层次，每个层次中的指标所处的地位近似相同，同时每个层次的指标与相邻的上下层次之间存在一定的关系，构建一个基于隶属关系的有序递阶层次模型。层次分析法将指标分为目标层、准则层和方案层，最后采取定性和定量的研究。该方法的优点在于系统性强、灵活度大，作为主观赋权法的一种，加入了一致性检验的过程，使评价结果更加科学、准确。具体步骤如下。

(1) 构造判断矩阵

当递阶层次结构确立之后，相邻层次间指标的隶属关系也随之确定，然后再确定各层次指标的权重。对于大部分经济活动，尤其是复杂的社会问题，指标的权重需要通过科学准确的方法来获取。层次分析法利用评分的专家给出的判断矩阵来获得权重值，其一般采用 1~9 及其倒数作为标度对判断矩阵进行赋值。其中，判断矩阵 1~9 度标度含义见表 3-1。

表 3-1　判断矩阵 1~9 度标度含义

标度	含义
$c_{ij}=1$	表示 i 元素与 j 元素比较，重要性相同
$c_{ij}=3$	表示 i 元素与 j 元素比较，前者比后者稍微重要
$c_{ij}=5$	表示 i 元素与 j 元素比较，前者比后者一般重要
$c_{ij}=7$	表示 i 元素与 j 元素比较，前者比后者非常重要
$c_{ij}=9$	表示 i 元素与 j 元素比较，前者比后者特别重要
$c_{ij}=2，4，6，8$	表示上述相邻判断的中间值
c_{ij} 为倒数	表示 i 元素与 j 元素相比，后者比前者的重要性的标度

将同一层次中的指标两两比较，构造判断矩阵。设矩阵 $\boldsymbol{C}_{mm}$ 表示判断矩阵，则有：

$$\boldsymbol{C}_{mm}=\begin{bmatrix} c_{11} & c_{12} & \cdots & c_{1m} \\ c_{21} & c_{22} & \cdots & c_{2m} \\ \vdots & \vdots & & \vdots \\ c_{m1} & c_{m2} & \cdots & c_{mm} \end{bmatrix} \tag{3-4}$$

（2）一致性检验

为了避免出现“$c_{11}>c_{12}$，$c_{12}>c_{13}$，而 $c_{13}>c_{11}$”这种矛盾的情况，需对判断矩阵进行一致性检验。m 维判断矩阵 $\boldsymbol{C}_{mm}$ 中，$\lambda_{\max}$ 表示最大特征值。

计算一致性指标 CI：

$$CI=\frac{\lambda_{\max}-m}{m-1} \tag{3-5}$$

就具有一致性的正互反判断矩阵而言，$CI=0$。因为人们对事物的认识呈现出多元化与复杂性的特点，因此仅依据 CI 值作为判断 $\boldsymbol{C}_{mm}$ 是否具有一致性的标准是不科学、不准确的，为此引入了平均随机一致性指标 RI。平均随机一致性指标 RI 的部分取值见表 3-2。

表 3-2　平均随机一致性指标 RI 的部分取值

n	1	2	3	4	5	6	7	8	9	10	11	12	13
RI	0	0	0. 52	0. 89	1. 12	1. 24	1. 36	1. 41	1. 46	1. 49	1. 52	1. 54	1. 56

进而计算一致性比例 CR：

$$CR=\frac{CI}{RI} \tag{3-6}$$

当 $CR<0.1$ 时，表明该判断矩阵通过了一致性检验，否则应做出微调，直到满足上述条件为止。

（3）权重的计算

由于判断矩阵 $\boldsymbol{C}_{mm}$ 中每一列都可以类似表现指标权重的分配情况，因此可以分别计算每列列向量的算术平均值来得出权重值。本书采取算术平均法，获得主观权重值 $w'=(w'_1,w'_2,\cdots,w'_m)$，$w'_i\geqslant 0,\sum\limits_{i=1}^{m}w'_i=1$，即：

$$w'_i=\frac{1}{m}\sum_{j=1}^{m}\frac{c_{ij}}{\sum\limits_{k=1}^{m}c_{kj}}\quad (i=1,2,\cdots,m;\ j=1,2,\cdots,m) \tag{3-7}$$

则 $w'=(w'_1,w'_2,\cdots,w'_i,\cdots,w'_m)$ 即为主观权重值。

3.2.2.2　客观赋权

本研究采取熵值法来计算客观权重值。

设有 n 个评价对象，m 个评价指标，评价指标值为 a_{oi}，则得到原始指标数据构成的矩阵 $\boldsymbol{X}=(a_{oi})_{n\times m}$。若某项指标 a_o 的指标值 a_{oi} 存在较大的差异性，则此项指标在评价中可以起到很大作用；若某项指标的各个指标值均相等，那么此项指标在评价过程中的作用为零，也就是说没有任何影响。通过信息论可以得到，信息熵 $H=-\sum_{i=1}^{m}P_{oi}\ln P_{oi}$（其中，$o=1,2,\cdots,n$；$i=1,2,\cdots,m$）反映了系统的混乱度，而信息反映了系统的有序度，两者是方向相反的一对相等数值。某指标的指标值变异程度越大，该项指标能够反映的信息量就越多，则该指标的权重值就越大；反过来说，某指标的指标值变异程度越小，该项指标能够反映的信息量就越少，则该指标的权重值就越小。所以，可以结合这些指标值的变异程度，借助信息熵原理计算得出指标的权重，为指标的评价提供数据支撑。

（1）指标标准化（无量纲化）

首先对指标做标准化处理，运用较多的方法是极值法和均值化法。由于在运用极值法对指标进行标准化时，会导致部分数据不成立，因此对指标标准化这一步骤做出调整，采用均值化方法，即：

$$a_{oi}=\frac{c_{oi}}{\overline{c_i}} \tag{3-8}$$

式（3-8）中，$\overline{c_i}$ 是第 i 项指标 c_i 的平均值。c_{oi} 经无量纲化处理之后记作 a_{oi}。判断矩阵 $\boldsymbol{C}_{nm}$ 转化为标准化矩阵 $\boldsymbol{A}_{nm}$：

$$\boldsymbol{A}_{nm}=\begin{bmatrix} a_{11} & a_{12} & \cdots & a_{1m} \\ a_{21} & a_{22} & \cdots & a_{2m} \\ \vdots & \vdots & & \vdots \\ a_{n1} & a_{n2} & \cdots & a_{nm} \end{bmatrix} \tag{3-9}$$

（2）计算第 o 个等级下的第 i 个指标的比重

$$P_{oi}=\frac{a_{oi}}{\sum_{i=1}^{m}a_{oi}} \quad (o=1,2,\cdots,n;\ j=1,2,\cdots,m) \tag{3-10}$$

（3）计算第 i 个指标的熵值

$$e_{oi}=-k\sum_{i=1}^{m}P_{oi}\ln P_{oi}\quad(o=1,2,\cdots,n;\ i=1,2,\cdots,m)\tag{3-11}$$

式（3-11）中，$0\leqslant e_{oi}\leqslant 1$，$k=\frac{1}{\ln m}$，ln 为自然对数，$m$ 为指标数量。

（4）计算指标的差异性系数

对于任意指定的第 i 项指标，c_{oi} 的差异性越小，其熵值 e_{oi} 越大；当 c_{oi} 全部相等时，$e_{oi}=e_{\max}=1$，指标 c_{oi} 对于项目的比较不起任何作用；当各项目的指标值存在很大差异性时，其熵值 e_{oi} 越小，指标 c_{oi} 对于项目的比较所产生的影响越大。因此，定义差异性系数：

$$d_{oi}=1-e_{oi}\tag{3-12}$$

式（3-12）表明，当 d 越大时，指标越重要。

（5）计算权重值

$$w''_i=\frac{d_{oi}}{\sum_{i=1}^{m}d_{oi}}\quad(i=1,2,\cdots,m)\tag{3-13}$$

则 $w''=(w''_1,w''_2,\cdots,w''_i,\cdots,w''_m)$ 即为客观权重值。

3.2.2.3　组合赋权

（1）构造非线性规划模型

综合前面获得的主观权重值与客观权重值，令 $w_i=\alpha w'+\beta w''$。同时，为了便于分析，设 α、β 满足单位化约束条件 $\alpha^2+\beta^2=1$。对于标准化矩阵 $\boldsymbol{A}_{nm}$ 中指标 a_{oi} 的评价目标值为：

$$V_o=\sum_{i=1}^{m}a_{oi}w_i=\sum_{i=1}^{m}a_{oi}(\alpha w'_i+\beta w''_i)\quad(o=1,2,\cdots,n)\tag{3-14}$$

风险评价值 V_o 应该越小越好，如果 $V_i>V_o$，则方案 s_o 优于 s_i。因此，构造非线性规划模型如下：

$$
\begin{aligned}
&\min Z = \sum_{o=1}^{n} V_o = \sum_{o=1}^{n}\sum_{i=1}^{m} a_{oi}(\alpha w'_i + \beta w''_i) \\
&\text{s.t.} \qquad \alpha^2 + \beta^2 = 1 \\
&\qquad\qquad \alpha, \beta \geqslant 0
\end{aligned}
\tag{3-15}
$$

（2）构造拉格朗日函数

在解数学的最优化问题中，拉格朗日乘数法是关于多元函数在多个约束条件下求得极值的一种数学方法。该方法是将一个包含 n 个变量和 k 个约束条件的最优问题，转化成求解一个包含 $n+k$ 个变量构成的方程组的极值，其中该变量没有限制条件。

根据拉格朗日函数基本概念，可得：

$$
L = -\sum_{o=1}^{n}\sum_{i=1}^{m} a_{oi}(\alpha w''_i + \beta w''_i) + \lambda(\alpha^2 + \beta^2 - 1) \tag{3-16}
$$

式（3-16）中，λ 为拉格朗日乘子。则依据拉格朗日乘数法计算可得出如下两个式子：

$$
\alpha^* = \frac{\sum_{o=1}^{n}\sum_{i=1}^{m} a_{oi} w'_i}{\sqrt{\left(\sum_{o=1}^{n}\sum_{i=1}^{m} a_{oi} w'_i\right)^2 + \left(\sum_{o=1}^{n}\sum_{i=1}^{m} a_{oi} w''_i\right)^2}} \tag{3-17}
$$

$$
\beta^* = \frac{\sum_{o=1}^{n}\sum_{i=1}^{m} a_{oi} w''_{oi}}{\sqrt{\left(\sum_{o=1}^{n}\sum_{i=1}^{m} a_{oi} w'_i\right)^2 + \left(\sum_{o=1}^{n}\sum_{i=1}^{m} a_{oi} w''_i\right)^2}} \tag{3-18}
$$

（3）归一化处理

为了使式中的权重值 w'_i 和 w''_i 满足 $0 \leqslant w'_i \leqslant 1$，$0 \leqslant w''_i \leqslant 1$，$\sum_{i=1}^{m} w'_i = 1$，$\sum_{i=1}^{m} w''_i = 1$，对 α^*、β^* 进行归一化处理：

$$
\overline{\alpha^*} = \frac{\alpha^*}{\alpha^* + \beta^*} \tag{3-19}
$$

$$\overline{\beta^*}=\frac{\beta^*}{\alpha^*+\beta^*} \tag{3-20}$$

式（3-19）和式（3-20）分别整理可得：

$$\overline{\alpha^*}=\frac{\sum_{o=1}^{n}\sum_{i=1}^{m}a_{oi}w'_i}{\sum_{o=1}^{n}\sum_{i=1}^{m}a_{oi}(w'_i+w''_i)} \tag{3-21}$$

$$\overline{\beta^*}=\frac{\sum_{o=1}^{n}\sum_{i=1}^{m}a_{oi}w''_i}{\sum_{o=1}^{n}\sum_{i=1}^{m}a_{oi}(w'_i+w''_i)} \tag{3-22}$$

（4）组合权重值

综上所述，组合赋权法的权重值为：

$$w_i=\overline{\alpha^*}w'_i+\overline{\beta^*}w''_i \tag{3-23}$$

3.2.3　协同创新风险等级评判

3.2.3.1　接近度

设区间 $v_{oi}=\langle x_{oi},y_{oi}\rangle$ 表示企业协同创新项目中第 i 个风险因素指标 c_i 处于第 o 级风险时的量值范围，区间 $v_{pi}=\langle x_{pi},y_{pi}\rangle$ 表示企业协同创新项目中第 i 个风险因素指标 c_i 处于第 1 级风险到第 n 级风险时的量值范围，且 $v_{oi}\subset v_{pi}$。则有：

$$\rho(v_i,v_{oi})=\left|v_i-\frac{x_{oi}+y_{oi}}{2}\right|-\frac{1}{2}(y_{oi}-x_{oi})\quad(i=1,2,\cdots,m) \tag{3-24}$$

$$\rho(v_i,v_{pi})=\left|v_i-\frac{x_{pi}+y_{pi}}{2}\right|-\frac{1}{2}(y_{pi}-x_{pi})\quad(i=1,2,\cdots,m) \tag{3-25}$$

式（3-24）和式（3-25）分别称为点 c_i 与区间 v_{oi}、v_{pi} 的接近度。

3.2.3.2　关联函数

结合本研究，给出关联函数如下：

$$K(v_i)=\frac{\rho(v_i,v_{oi})}{D(v_i,v_{oi},v_{pi})} \tag{3-26}$$

其中，

$$D(v_i,v_{oi},v_{pi})=\begin{cases}\rho(v_i,v_{pi})-\rho(v_i,v_{oi}), & v_i\bar{\in} v_{oi}\\ -1, & v_i\in v_{oi}\end{cases} \tag{3-27}$$

在关联函数中，$K(v_i)>0$，表明 v_i 属于 v_{oi} 的程度；$K(v_i)<0$，表明 v_i 不属于 v_{oi} 的程度；$K(v_i)=0$，表明 v_i 既属于 v_{oi}，又不属于 v_{oi}。因此，关联函数可以量化事物的质和量。

3.2.3.3 风险等级评判

分别计算该协同创新项目与 n 个风险等级之间的关联度，则最大关联度下的该等级即为该项目的风险等级，即：

$$K_o(v_i)=\max\{K_1(v_i),K_2(v_i),\cdots,K_n(v_i)\} \tag{3-28}$$

由此得出该待评协同创新项目风险等级。

3.3 应用研究

3.3.1 样本数据的获取

先进装备制造业的发展是我国制造业进入国际市场的迫切需求，是我国转型升级和走新型化工业道路的必要途径，是跨出中等收入陷阱迈向发达行列的内在要求。当下，我国先进装备制造产业已初具规模，部分行业的技术在全球市场中已处于“领头羊”位置，而且初步形成了一批快速发展的产业集中地。作为东北老工业基地的重要城市之一的大连市已具备了比较浑厚的工业基础，整体实力处于东北地区的前列。近些年来，大连市依靠装备制造产业的区位优势，加大施行品牌战略力度，既减弱了金融危机带来的影响，又运用自主创新手段来调整产品结构，同时推动产业升级，实现了先进装备制造业向高端产品、高端市场的有效突破。

大连市旅顺口区集聚了一批轨道交通装备制造企业。以中车大连机车车辆有限公司、大连中车大齐车辆有限公司、大连中车集装箱有限公司等企业为核心，相关配套和从属企业不断进驻，逐步形成了该地区具有竞争优势的轨道交通装备制造产业集群和集群供应链。并且随着产业集群集聚效应的不断增强，该区域正逐步成为我国重要的轨道交通装备制造产业研发基地。

3.3.1.1　问卷调查

本研究针对大连市旅顺口区轨道交通装备制造产业集群供应链中某核心企业与其供应商的智能化模块设计方面的协同创新项目进行应用研究，采取上述风险评价体系对该项目的创新风险做出综合评价，并分析其结果。其中，相关数据通过问卷调查获得。总计发放调查问卷 109 份，回收有效问卷 100 份，有效问卷的回收率为 91.743%。

问卷调查主要通过电子邮件方式和网络聊天工具两种方式进行。通过学校与相关企业之间长期合作的关系，联系到该核心企业及其供应商内部与该协同创新项目相关的工作人员，发放调查问卷。调查问卷所涉及的企业、人员分布情况见表 3-3。同时可知调查人群集中在核心企业和供应商的技术研发人员，能根据行业经验较好地表现出调查问卷的准确性。

在向企业发放调查问卷时，对问卷涉及的相关行业术语给予解释，并给出评分示例，方便调查者准确填写。同时，承诺对本次调查涉及的个人信息绝对保密。

表 3-3　调查问卷所涉及的企业、人员分布情况

分类	分类名称	频数/个	百分比/%
企业类型	核心企业	56	56
	供应商	44	44

续表

分类	分类名称	频数/个	百分比/%
所在部门	营销	9	9
	生产	15	15
	财务	4	4
	人事/行政	7	7
	技术/研发	50	50
	其他	15	15

3.3.1.2 样本选择

本研究通过发放调查问卷的方式收集数据。问卷设计质量的标准一般有如下两个方面。

(1) 问卷的信度和效度都比较好

可以认为问卷是用来调查人们自身的信息和对某件事态度的一种工具。问卷的设计是询问调查的关键，要从信度和效度两个方面来考察问卷设计的好坏程度。

信度又称为可靠度，其体现了调查的可靠程度。它主要体现出调查结果的连贯性、一致性和稳定性，即调查的结果能否真实地反映被测者的特征。本问卷采用内部一致性可信度做信度分析。问卷中的每个项目都体现了同一事物的不同方面，而内部一致性可信度恰恰体现了各个项目之间的关联度。我们用 Cronbach's α 系数来反映内部一致性可信程度。Cronbach's α 系数最小值为 0，最大值为 1；α 值越大表明调查问卷的各个项目之间相关性越强，内部一致性可信度随之增高。通常来说，α 值大于 0.8 表明一致性非常好，α 值为 0.6~0.8 表明一致性比较好，α 值小于 0.6 表明一致性比较差。在实际运用中，Cronbach's α 值一般至少需要大于 0.5，大于 0.7 为最佳。

本问卷经整理计算可知 Cronbach's α 值为 0.895，表明内部一致性可信度极高，以此进行统计分析是非常理想的。

效度是指调查的准确性与有效性，即测量手段或者工具可以准确地反映出被测对象的各方面特征。也就是说，当一项测量能够测试它的目标事物时，就可以说这是一项有效的调查，其具有效度。如果调查的选项设计合理，即问题的选项合理、难度适中、数量得当和层次分明等，测量的结果就会有很高的效度。本问卷用探索性因子分析来做效度分析。在一般的社会行为学研究中，如果 *KMO* 值达到 0.9 以上，表示该调查问卷数据十分适用于因子分析；*KMO* 值为 0.8~0.9 表示很适合做因子分析；*KMO* 值为 0.7~0.8 表示适合做因子分析；*KMO* 值为 0.6~0.7 表示不是很适合做因子分析；*KMO* 值为 0.5~0.6 表示勉强适合做因子分析；*KMO* 值在 0.5 以下表示不适合做因子分析。在实际分析时，测量项的因子载荷量大于 0.4 通常便视为有效。KMO 检验和 Bartlett 球形检验见表 3-4。

表 3-4　KMO 检验和 Bartlett 球形检验

检验	项目	结果
KMO 检验	*KMO* 值	0.782
Bartlett 球形检验	近似卡方值	1100.992
	自由度	300
	显著性水平	0.000

由表 3-4 可知，本问卷的 *KMO* 值为 0.782，偏相关性很弱，同时 Bartlett 球形检验值为 0，$P<0.001$，表示该问卷数据适合做探索性因子分析，可以进行指标之间的相关性分析。

（2）问卷的设计适合研究内容与调查对象

作为一种数据收集工具，调查问卷应尽量完全地还原所研究问题的整体。因此，调查问卷的好坏关键在于其是否适合调查研究的目的，调查所包含的选项要与研究命题十分密切。从某种角度来说，调查问卷就是针对被调查者有针对性地设计的，要符合研究问题的领域，还要使被调查者能准确地给出回应。本研究调查问卷的设计，综合考虑了上述因素，力求做出最客观的分析。

3.3.2 协同创新风险因素指标

3.3.2.1 协同创新风险因素指标筛选

由于建立的评价指标体系非常繁杂，经过第二次的粗筛选后，指标的科学性和有效性仍然有待商榷，可能存在的问题在于指标因素数量较多、指标之间相关性太强使指标的重复率较高、指标的鉴别力不够强等。因此，应删除一些相关性强和鉴别力低的指标来优化风险因素指标体系。常用的数学方法包括相关系数法和变异系数法，具体如下。

（1）相关系数法

指标体系中的指标可能会存在一定的相关性，这种相关性会导致被测对象测评信息的重复利用，降低了评价结果的可靠性。相关性分析利用研究被测对象所包含的各项指标，按照相关科学的规则去除相关系数大的指标，弱化重复指标对结果有效性的不利影响。按照一定的规则，结合实际情况，选取一个评价指标相关性程度的临界值，删除相关度大于该值的指标，保留相关度小于该值的指标，最大限度地保障指标体系的有效与完备。

（2）变异系数法

变异系数法是评价指标鉴别能力的工具。评价指标的鉴别能力可以理解为各项指标对评价对象差异性的反映。在建立的指标体系中，如果被测评的所有对象在某一个测评选项上都呈现出一致的高分或低分，这就体现了这个评价指标的鉴别能力很差，诊断不出指标的差异性。反过来说，如果被测评的所有对象在某一个测评选项上呈现出不同的分数，这就体现了这个评价指标的鉴别能力很强，可以诊断出指标之间的差异性。在实际运用中，常用变异系数来分析指标的鉴别能力，变异系数越大，该指标的鉴别能力越强。结合现实情况，合理地消除变异系数较小、鉴别能力较弱的指标。

首先，讨论了指标进行筛选的原则性和必要性；其次，考虑到产业集群协同创新项目风险指标大多是一些数量较多、相关性较大的主观性指标，为了保障后续评价过程的准确有效，本书在对风险评价指标体系的处理上，采取相关性分析和消除弱权重指标的处理。在对指标进行相关性分析时，各个指标之间如果相关性较大，则应该剔除，避免指标信息的重复使用，影响评价结果。利用 SPSS 进行相关性分析的结果见表 3-5～表 3-8。

表 3-5 外部因素各指标相关系数

指标	c_1	c_2	c_3	c_4	c_5
c_1	1	0.243	0.219	0.155	-0.005
c_2	0.243	1	-0.175	0.200	0.140
c_3	0.219	-0.175	1	0.235	0.281
c_4	0.155	0.200	0.235	1	0.216
c_5	-0.005	0.140	0.281	0.216	1

表 3-6 集群因素各指标相关系数

指标	c_6	c_7	c_8	c_9	c_{10}	c_{11}	c_{12}
c_6	1	0.256	0.122	0.341	0.352	0.187	0.259
c_7	0.256	1	0.399	0.343	0.544	0.313	0.137
c_8	0.122	0.399	1	0.358	0.398	0.514	0.319
c_9	0.341	0.343	0.358	1	0.423	0.365	0.389
c_{10}	0.352	0.544	0.398	0.423	1	0.271	0.296
c_{11}	0.187	0.313	0.514	0.365	0.271	1	0.451
c_{12}	0.259	0.137	0.319	0.389	0.296	0.451	1

表 3-7 协同创新主体因素各指标相关系数

指标	c_{13}	c_{14}	c_{15}	c_{16}	c_{17}	c_{18}
c_{13}	1	0. 240	0. 338	0. 210	0. 272	0. 243
c_{14}	0. 240	1	0. 429	0. 589	0. 219	0. 395
c_{15}	0. 338	0. 429	1	0. 558	0. 513	0. 508
c_{16}	0. 210	0. 589	0. 558	1	0. 374	0. 580
c_{17}	0. 272	0. 219	0. 513	0. 374	1	0. 404
c_{18}	0. 243	0. 395	0. 508	0. 580	0. 404	1

表 3-8 协同创新资源因素各指标相关系数

指标	c_{19}	c_{20}	c_{21}	c_{22}	c_{23}	c_{24}	c_{25}
c_{19}	1	0. 658	0. 571	0. 506	0. 322	0. 353	0. 329
c_{20}	0. 658	1	0. 505	0. 651	0. 368	0. 426	0. 308
c_{21}	0. 571	0. 505	1	0. 364	0. 393	0. 446	0. 289
c_{22}	0. 506	0. 651	0. 364	1	0. 373	0. 402	0. 270
c_{23}	0. 322	0. 368	0. 393	0. 373	1	0. 506	0. 416
c_{24}	0. 353	0. 426	0. 446	0. 402	0. 506	1	0. 655
c_{25}	0. 329	0. 308	0. 289	0. 270	0. 416	0. 655	1

通过上述相关性分析，将相关性较高的指标予以剔除。因此，剔除“集群供应链中优质企业流出”“主体间创新结构合理程度”“企业对市场信息的把握”“技术的可替代性”和“创新启动资金需求大小”五个指标。同时，将“企业利益分配是否合理”和“集群供应链中企业道德风险”合并为“集群内企业利益分配合理度”指标；将“科技人员实力水平”和“技术成熟程度”合并为“科研水平”指标。筛选后，得到关键性协同创新风险因素指标 18 个。

3.3.2.2　协同创新风险因素指标体系构建

结合轨道交通装备制造产业集群的特点，进行协同创新风险因素指标体系的构建。通过相关性分析，最终筛选关键性协同创新风险因素指标 18 个。关键风险因素指标体系见表 3-9。

表 3-9　关键风险因素指标体系

风险因素	风险因素指标 c
外部因素	经济环境波动 c_1
	集群供应链间产品竞争 c_2
	产业政策或法律影响程度 c_3
	知识产权保护情况 c_4
	用户对产品要求情况 c_5
集群因素	集群生命周期所处阶段 c_6
	集群内企业利益分配合理度 c_7
	知识标准统一程度 c_8
	集群整体竞争力水平 c_9
	集群封闭自守 c_{10}
协同创新主体因素	企业中途停止合作 c_{11}
	企业信誉与知名度 c_{12}
	各企业创新能力匹配度 c_{13}
	企业管理能力低 c_{14}
协同创新资源因素	科研水平 c_{15}
	技术复杂程度与难度 c_{16}
	新产品生产周期 c_{17}
	信贷资金来源难易程度 c_{18}

3.3.3 协同创新风险度量

3.3.3.1 风险因素指标综合评分值与综合权重值

(1) 综合评分值

将风险分为五个等级，即 $o=1,2,\cdots,5$。从一级到五级，风险逐级增大。一级风险表示风险等级最低，基本不会对协同创新项目的开展造成风险，可以忽视，评分值为 (0,2]；二级风险表示风险等级较低，但仍可以继续进行协同创新项目，成功率较高，评分值为 (2,4]；三级风险表示中度风险，及时对该风险进行控制，可有效降低其带来的不利影响，从而可以继续进行协同创新项目的研发，评分值为 (4,6]；四级风险表示风险等级较高，需谨慎思考该协同创新项目是否值得冒险，同时应尽可能采取相关风险应对措施，提高该项目的成功率，评分值为 (6,8]；五级风险表示风险等级最高，应当及时停止该协同创新项目的研发，考虑开展其他风险较小的项目，评分值为 (8,10]。则该协同创新项目的评分区间为 [0,10]。

请 10 名行业内专家依据上述风险等级的划分及相应的评分值对各项风险因素指标进行合理打分，得分值的均值即为指标综合评分值，具体数值见表 3-10。

表 3-10 风险因素指标综合评分值

风险因素	风险因素指标 c	综合评分值
外部因素	经济环境波动 c_1	7.76
	集群供应链间产品竞争 c_2	7.54
	产业政策或法律影响程度 c_3	7.68
	知识产权保护情况 c_4	6.86
	用户对产品要求情况 c_5	8.09

续表

风险因素	风险因素指标 c	综合评分值
集群因素	集群生命周期所处阶段 c_6	6.80
	集群内企业利益分配合理度 c_7	6.98
	知识标准统一程度 c_8	7.08
	集群整体竞争力水平 c_9	7.46
	集群封闭自守 c_{10}	7.18
协同创新主体因素	企业中途停止合作 c_{11}	7.32
	企业信誉与知名度 c_{12}	7.58
	各企业创新能力匹配度 c_{13}	7.45
	企业管理能力低 c_{14}	7.86
协同创新资源因素	科研水平 c_{15}	8.12
	技术复杂程度与难度 c_{16}	7.84
	新产品生产周期 c_{17}	7.77
	信贷资金来源难易程度 c_{18}	7.16

（2）综合权重值

指标的权重值是评价体系的核心，权重的准确性可以影响评价的准确性，某一个权重值的改变，可能会带来多米诺效应。因此，选择合理可行的赋权方法是非常重要的。本研究主观赋权部分采用层次分析法，客观赋权部分采用熵值法，将组合权重值通过构造非线性规划模型，利用拉格朗日乘数法计算得出综合权重值。

其中共有 m 个评价指标，第 i 个评价指标 c_i 的权重值为 w_i，因此有 $\sum_{i=1}^{m} w_i = 1$。经过一系列计算，具体的主观权重值、客观权重值及综合权重值见表 3-11。

表 3-11　风险因素指标主观权重值、客观权重值及综合权重值

风险因素	风险因素指标 c	主观权重值	客观权重值	综合权重值
外部因素	经济环境波动 c_1	0.099	0.057	0.078
	集群供应链间产品竞争 c_2	0.083	0.055	0.069
	产业政策或法律影响程度 c_3	0.078	0.055	0.067
	知识产权保护情况 c_4	0.046	0.055	0.051
	用户对产品要求情况 c_5	0.070	0.057	0.064
集群因素	集群生命周期所处阶段 c_6	0.074	0.054	0.064
	集群内企业利益分配合理度 c_7	0.057	0.055	0.056
	知识标准统一程度 c_8	0.048	0.054	0.051
	集群整体竞争力水平 c_9	0.034	0.055	0.045
	集群封闭自守 c_{10}	0.053	0.056	0.055
协同创新主体因素	企业中途停止合作 c_{11}	0.047	0.057	0.052
	企业信誉与知名度 c_{12}	0.033	0.057	0.045
	各企业创新能力匹配度 c_{13}	0.060	0.055	0.058
	企业管理能力低 c_{14}	0.058	0.056	0.057
协同创新资源因素	科研水平 c_{15}	0.054	0.058	0.056
	技术复杂程度与难度 c_{16}	0.026	0.056	0.041
	新产品生产周期 c_{17}	0.027	0.053	0.040
	信贷资金来源难易程度 c_{18}	0.053	0.055	0.054

3.3.3.2　建立经典域、节域物元模型

物元可拓模型是将物元概念与可拓论相结合，考虑产业集群协同创新项目的不确定性，将问题分解成定性与定量分析，计算该协同创新项目与各个风险等级之间的关联程度，进而得出风险等级。其中，物元的三个要素包括事物 N、事物的特征 c 及其量值范围 v，表示为 $\boldsymbol{R}=(N,c,v)$。

设 N_o 表示待评协同创新项目，评价指标共有 18 个，并将待评创新项目风险分成五个等级。其中，c_i 表示第 i 个评价指标，$v_{oi}=\langle a_{oi},b_{oi}\rangle$ 表示第 i 个

指标处于 o 级风险时的量值范围，即经典域。$v_{pi}=\langle a_{pi},b_{pi}\rangle$ 表示第 i 个指标处于第一级风险到第五级风险时的量值范围，即节域。其中，$v_{oi}\subset v_{pi}$，$i=1,2,\cdots,18$，$o=1,2,\cdots,5$。

由此可以得到该协同创新项目的经典域物元矩阵为：

$$\boldsymbol{R}_{o1}=\begin{bmatrix} N_{o1} & c_1 & \langle 0,2\rangle \\ & c_2 & \langle 0,2\rangle \\ & \vdots & \vdots \\ & c_{18} & \langle 0,2\rangle \end{bmatrix}\quad \boldsymbol{R}_{o2}=\begin{bmatrix} N_{o2} & c_1 & \langle 2,4\rangle \\ & c_2 & \langle 2,4\rangle \\ & \vdots & \vdots \\ & c_{18} & \langle 2,4\rangle \end{bmatrix}\quad \boldsymbol{R}_{o3}=\begin{bmatrix} N_{o3} & c_1 & \langle 4,6\rangle \\ & c_2 & \langle 4,6\rangle \\ & \vdots & \vdots \\ & c_{18} & \langle 4,6\rangle \end{bmatrix}$$

$$\boldsymbol{R}_{o4}=\begin{bmatrix} N_{o4} & c_1 & \langle 6,8\rangle \\ & c_2 & \langle 6,8\rangle \\ & \vdots & \vdots \\ & c_{18} & \langle 6,8\rangle \end{bmatrix}\quad \boldsymbol{R}_{o5}=\begin{bmatrix} N_{o5} & c_1 & \langle 8,10\rangle \\ & c_2 & \langle 8,10\rangle \\ & \vdots & \vdots \\ & c_{18} & \langle 8,10\rangle \end{bmatrix} \tag{3-29}$$

该协同创新项目的节域物元矩阵为：

$$\boldsymbol{R}=\begin{bmatrix} N & c_1 & \langle 0,10\rangle \\ & c_2 & \langle 0,10\rangle \\ & \vdots & \vdots \\ & c_{18} & \langle 0,10\rangle \end{bmatrix} \tag{3-30}$$

3.3.3.3　协同创新风险等级评判

(1) 计算关联度矩阵

设区间 $v_{oi}=\langle x_{oi},y_{oi}\rangle$ 表示产业集群协同创新项目中的第 i 个指标 c_i 处于第 o 级风险时的量值范围，区间 $v_{pi}=\langle x_{pi},y_{pi}\rangle$ 表示产业集群协同创新项目中的第 i 个指标 c_i 处于第一级风险到第五级风险时的量值范围，且 $v_{oi}\subset v_{pi}$。

$$\rho(v_i,v_{oi})=\left|v_i-\frac{x_{oi}+y_{oi}}{2}\right|-\frac{1}{2}(y_{oi}-x_{oi})\quad (i=1,2,\cdots,18) \tag{3-31}$$

$$\rho(v_i, v_{pi}) = \left| v_i - \frac{x_{pi}+y_{pi}}{2} \right| - \frac{1}{2}(y_{pi}-x_{pi}) \quad (i=1,2,\cdots,18) \tag{3-32}$$

将式（3-31）和式（3-32）分别称为点 c_i 与区间 v_{oi}、v_{pi} 的接近度。结合本书的分析，给出关联函数如下：

$$K(v_i) = \frac{\rho(v_i, v_{oi})}{D(v_i, v_{oi}, v_{pi})} \tag{3-33}$$

其中，

$$D(v_i, v_{oi}, v_{pi}) = \begin{cases} \rho(v_i, v_{pi}) - \rho(v_i, v_{oi}), & v_i \bar{\in} v_{oi} \\ -1, & v_i \in v_{oi} \end{cases} \tag{3-34}$$

计算该协同创新项目风险等级关联度矩阵 $\boldsymbol{K}=[K(v_i)]_{18\times5}$，结果如下：

$$\boldsymbol{K}=[K(v_i)]_{18\times5}=\begin{bmatrix} -0.335 & -0.285 & 0.370 & 0.292 & -0.137 \\ -0.275 & -0.233 & 0.315 & 0.245 & -0.107 \\ -0.280 & -0.238 & 0.313 & 0.246 & -0.112 \\ -0.136 & -0.113 & 0.194 & 0.144 & -0.043 \\ -0.305 & -0.262 & 0.324 & 0.260 & -0.133 \\ -0.166 & -0.137 & 0.244 & 0.180 & -0.051 \\ -0.165 & -0.138 & 0.222 & 0.166 & -0.055 \\ -0.161 & -0.135 & 0.208 & 0.157 & -0.055 \\ -0.170 & -0.143 & 0.197 & 0.153 & -0.065 \\ -0.181 & -0.152 & 0.266 & 0.172 & -0.064 \\ -0.187 & -0.157 & 0.225 & 0.173 & -0.069 \\ -0.182 & -0.154 & 0.207 & 0.161 & -0.071 \\ -0.220 & -0.186 & 0.256 & 0.199 & -0.083 \\ -0.254 & -0.217 & 0.277 & 0.220 & -0.106 \\ -0.216 & -0.186 & 0.229 & 0.184 & -0.095 \\ -0.181 & -0.155 & 0.198 & 0.157 & -0.075 \\ -0.223 & -0.190 & 0.246 & 0.195 & -0.091 \\ -0.178 & -0.149 & 0.224 & 0.170 & -0.063 \end{bmatrix} \tag{3-35}$$

（2）协同创新风险等级评判

本研究结合轨道交通装备制造产业集群供应链中企业协同创新项目风险的特征，将风险分为五个等级，即：一级风险表示风险等级最低，可忽略不计；二级风险表示风险等级较低，需适当加以防范，不必过于紧张；三级风险表示中度风险，及时预测并防范，可降低其影响，协同创新项目可以执行；四级风险表示风险等级较高，需谨慎思考该协同创新项目是否值得冒险，同时应及时采取相应措施，提高协同创新成功率；五级风险表示风险等级最高，考虑放弃该协同创新项目，以免遭受更大的损失。

在关联函数中，$K(v_i)>0$ 表示 v_i 与 v_{oi} 的关联程度，$K(v_i)<0$ 表示 v_i 与 v_{oi} 不关联的程度，$K(v_i)=0$ 表示 v_i 既与 v_{oi} 关联又不与 v_{oi} 关联。

经计算，该产业集群协同创新项目与第 o 级风险的关联度为：

$$K_1(v_i)=-3.817,\ K_2(v_i)=-3.231,\ K_3(v_i)=4.476,$$

$$K_4(v_i)=3.476,\ K_5(v_i)=-1.475$$

$$K_o(v_i)=\max\{K_1(v_i),\ K_2(v_i),\ \cdots,\ K_5(v_i)\}=K_3(v_i)=4.476$$

因此该项目风险等级为三级，属于中度风险，所以该项目实行风险管理是十分必要的。及时对该风险进行识别与控制，可有效降低其带来的不利影响，从而继续进行该协同创新项目的研发。

3.3.4　结果分析

通过前文对旅顺口区轨道交通装备制造业集群供应链内某核心企业与其供应商的智能化模块设计方面的协同创新项目的分析及其相关综合评分值、主客观权重值及风险等级的计算，可以对评价结果做出详细的分析。

3.3.4.1　数据分析

通过对外部因素、集群因素、协同创新主体因素和协同创新资源因素的分析发现，外部因素占总体的 0.329，对协同创新风险的影响最大，说明该协同创新项目的风险主要来源于外部因素。协同创新资源因素占总体的 0.192，说明资源方面对技术创新项目的影响较小。

在 18 个关键性风险因素指标中，大多数指标综合权重值集中在 0.05～0.06 范围内，影响程度属于中等偏上。其中，综合权重值大于 0.06 的风险因素指标有 5 个，分别是经济环境波动、集群供应链间产品竞争、产业政策或法律影响程度、用户对产品要求情况以及集群生命周期所处阶段，这 5 个指标需重点防范。而经济环境波动的综合权重值高达 0.078，综合排序第一。外部经济环境本身具有不确定性，企业需了解相关经济方针政策，分析宏观经济变动趋势，采取相应措施度过经济不景气时期，再进行相关协同创新。

在外部因素中，“经济环境波动”的综合评分值为 7.76，类内排序第二，且其综合权重值达到 0.078，类内排序第一，表明经济环境的变化对协同创新项目的开展有较大影响，企业应尽力掌握市场信息情况，时刻掌握国家相关经济政策，减少经济环境的波动对自身的影响。

在集群因素中，“集群整体竞争力水平”的综合评分值为 7.46，类内排序第一，然而其综合权重值为 0.045，类内排序第五，这表明虽然集群整体竞争力水平本身风险综合评分值很大，但其对协同创新项目的影响较小，因此降低其自身的风险影响，便可降低此协同创新研发项目的风险。

在协同创新主体因素中，“企业管理能力低”的综合评分值为 7.86，类内排序第一，且其综合权重值为 0.057，类内排序第二，这反映了企业管理能力对协同创新项目的影响很大，企业如果没有良好的管理制度，会间接增加协同创新项目的风险。

在协同创新资源因素中，“科研水平”的综合评分值为 8.12，类内排序第一，其综合权重值为 0.056，类内排序第一，说明科研水平对协同创新项目的影响较大，较低的科研水平会增加协同创新项目的风险；“信贷资金来源难易程度”的综合评分值为 7.16，类内排序第四，但其综合权重值达到 0.054，类内排序第二，说明在协同创新资源中资金的重要性，因为企业创新能力的提高根本上还是源于持续不断的资金投入。

同时，通过上述计算可知，旅顺口区轨道交通装备制造业集群供应链协同创新项目的风险等级为三级，属于中度风险。应在协同创新项目开展之前，及时进行风险预测并采取防范措施，排除不利影响，以保证协同创新项目的顺利开展。

3.3.4.2　风险来源分析

选取综合评分值大于 7.5 且综合权重值大于 0.055 的指标，得到六个重点影响该协同创新项目风险的指标，具体见表 3-12。

表 3-12　重点风险因素指标

风险因素	风险因素指标 c	综合评分值	综合权重值
外部因素	经济环境波动 c_1	7.76	0.078
	集群供应链间产品竞争 c_2	7.54	0.069
	产业政策或法律影响程度 c_3	7.68	0.067
	用户对产品要求情况 c_5	8.09	0.064
协同创新主体因素	企业管理能力低 c_{14}	7.86	0.057
协同创新资源因素	科研水平 c_{15}	8.12	0.056

通过对外部因素、集群因素、协同创新主体因素和协同创新资源因素的分析可知，外部因素对协同创新风险的影响最大，筛选过后的六个重点风险因素指标有四个来自于外部因素，说明该协同创新项目的风险主要来源于外部因素。企业管理能力低和科研水平仅次于外部因素，也是该协同创新项目的主要风险来源。

(1) 外部环境不确定性较大

旅顺口区轨道交通装备制造产业的发展较晚，尚未形成较成熟的产业链，较难以掌控外部环境的波动。产业集群上下游企业开展协同创新项目时，不可避免地要受到宏观经济环境、相关政策法规、行业竞争以及用户对产品要求情况等的约束。然而，这些外部环境因素却存在很大的不确定性。税收政策的调整，在某种程度上会限制或者促进项目的研发进程。对手的竞争力度与策略，会影响企业自身的判断、消费者的喜好甚至是市场的走向。用户对产品的需求变动情况也存在很大的不确定性，有很多学者对消费者行为进行深入的研究，以求准确地预测消费者的需求。因此，不确定的外部环境直接导致协同创新结果的不确定。

（2）企业管理较复杂

企业管理水平低是导致协同创新项目失败的另一个原因。企业管理差不仅会造成人员松散、大量资金外流，甚至会造成企业倒闭、产业集群衰退。同时，集群供应链协同创新的管理要比一般企业个体进行技术创新更复杂，要考虑协同创新主体与协同创新资源等对产业集群内企业的作用。若管理水平不符合产业集群的特征，或跟不上企业发展，将会大大增加协同创新研发项目的失败概率。

（3）科研水平较低

科研水平直接反映了该产业集群是否有能力进行协同创新项目的研发，是影响该项目风险的主要因素之一。根据访问调查与评价结果发现，旅顺口区轨道交通装备制造产业集群具有高学历和高技术职称的人员比例较低，在科研水平上，未掌握关键核心技术，科研人员素质与技术水平均有限，不足以支撑企业开展较高层次的协同创新研发项目。产业集群供应链中企业开展协同创新，尤其是高端装备制造产业集群，若不能有较高的科研水平，将无法与全球市场接轨，进而会逐步退出市场竞争。

3.3.5 风险应对策略与控制对策

3.3.5.1 风险应对策略

风险应对是风险的事中控制，即面对已经来临的等级较高的风险因素而采取必要的、对应的策略。但企业在实际处理问题的过程中，往往会出现风险处理不得当或处理不及时等问题，这都将为产业集群企业协同创新项目的开展带来很大的影响。为了预防上述情况的发生，这里提出四种风险应对策略。

（1）风险规避

风险规避是指为降低集群供应链企业协同创新过程中的高风险项目的风险而采取的一种回避策略的方式。当协同创新项目存在高风险且不可避免时，通常采取风险规避的办法，采取放弃或搁置该项目的决策，若有更合适的项目或者时机再继续实施该项目。风险规避是较为消极的应对策略，虽然在一定程度上阻止了协同创新过程中风险的发生，但也减少了收益的可能，因此要合理使用风险规避手段。在项目开展前，应准确把握该项目面临的风险因素，当面对风险无法控制时，及时停止该协同创新项目相关资源的投入。

（2）风险转移

风险转移是该风险承担主体为了降低风险发生概率、减小损失程度，利用契约等形式，将即将发生或已经发生的风险转至其他承担主体的过程。项目研发过程中，若发现协同创新投入资源、科研能力及科技人员素质等无法满足该项目的需求时，应及时选择其他具备这些条件的创新平台进行转移。同时，积极为企业协同创新项目的开展选择信誉良好的保险公司为该项目投保。无论是财务转移还是客体转移，风险的转移都是要付出代价的，但是风险转移过程中也伴随着收益的转移和均分，同时也会增加企业的资金风险。因此在协同创新项目开展的同时，企业需要缜密思量并决策是否需要进行风险转移和采取何种手段进行风险转移。

（3）风险分担

当企业在开展协同创新项目时，可将面临的风险转移给其他合作伙伴共同承担，以此减轻风险带来的影响，提高创新的成功率。产业集群开展协同创新就是采取风险分担机制，以强强联合的手段来弥补自身不足，提高项目研发成功的概率。但是在分担风险的同时也意味着其他企业可以分配收益，因此，风险分担机制应和其他利益分配主体共同制定，保持协同主体之间合作共赢的关系。

（4）风险自留

风险自留是指企业面临已经发生且不可规避的风险或已做好积极应对的准备时，企业采取主动或被动承担风险的策略。例如，企业根据开展协同创新研发项目前的风险识别，将风险可能造成的损失纳入成本中，便可将风险自留，不采取其他措施。这是最普遍和最简单的风险应对手段。

3.3.5.2　风险控制对策

（1）树立风险管理意识

加强风险管理的重点在于提高各个创新主体的风险管理意识。产业集群供应链中企业若想降低或规避协同创新过程中的风险，就应统一思想，加强风险管理意识，提高对风险的认知度，了解风险管理相关知识，认识到其重要性，从而制定风险管理机制，这样才能在企业日常对风险的识别和管理中，将可能产生的风险抑制在初始阶段，避免不利影响的扩大。

（2）加强外部环境的防范

轨道交通装备制造产业的发展离不开政府的大力支持，旅顺口区要积极响应政府的号召，跟随国家的政策导向，经常学习国家的方针战略。及时分析本行业国内外的宏观经济状况，了解市场走向，制定应付经济不景气的相应对策。预测消费者的需求变化，通过相关手段引导消费者的偏好。面对对手的竞争要积极应战，若实力偏弱，则可以考虑改变战略，提高自身竞争力，进而占据市场。

（3）提高管理能力

科学合理的管理体系是协同创新风险防范的根本要求。通过建立风险管理部门，对协同创新管理过程进行监控，根据监控结果制定风险应对对策。在项目研发前，部门成员应进行讨论和交流，在适当的时候可以咨询行业内相关专家，并且减少创新环节中管理人员以及技术人员工作的随意性，以保证该项目的风险得到准确评估，从而为协同创新项目的实施提供保障。另外，应制定企业内部员工激励机制，提高员工积极性，进而增强团队协作能力，完善用人机制，促进部门之间的有效交流，形成良好的企业氛围。

（4）加强科研水平

协同创新的投入资源较大，可能的盈利也较高，但是创新的失败概率也很大，因此应持续地进行研发投入。加大技术支持，提高技术的成熟度，对于尚未成熟的技术，要集中力量进行攻克。同时技术引进结合自主创新，努力追赶国际先进水平。充分利用旅顺口区的区位优势，加大引进高水平人才的力度，制定合理的人力资源结构，防止人才流失。研发项目开展前，做好培训工作，增强技术人员的专业能力，提高协同创新项目的成功率。

3.4　本章结论

本章提出了一套对集群供应链企业协同创新项目进行风险评价和度量的方法体系。该方法首先对集群供应链企业协同创新的可能风险来源进行分析，并在此基础上结合前人的相关研究与实地调研成果，归纳出完善、合理的风险评价指标体系。其次，构建了基于组合赋权的物元可拓模型，将层次分析法和熵值法组合分别用于主观、客观赋权，并利用非线性规划求最优解的方法计算得出综合权重值。最后，针对大连旅顺口区轨道交通装备制造产业集群供应链中某核心企业与其供应商在智能化模块设计方面的协同创新项目进行了应用研究，对项目风险进行了度量，并给出了相应的风险应对和控制策略。

在指标体系方面，该方法体系在现有研究的基础上注重从协同创新而非单个企业的技术创新视角进行研究。考虑了集群供应链上下游两个及两个以上的企业间行为活动和集群整体情况等因素给技术创新项目带来的风险。通过产业集群协同创新风险影响因素的分析，提炼出 18 个关键性风险因素指标，使评价指标体系更加完善。

在评价模型方面，该方法体系将层次分析与熵值法结合进行指标赋权。用这种主客观结合的组合赋权方法对原有单纯依赖主观赋权的物元可拓度量模型进行改进，既结合了专家的主观经验，又避免了赋权结果主观性过强而客观性不足的弊端，从而使度量结果更加科学、准确。

第4章

集群供应链企业创新风险承受能力度量研究

本章研究影响企业协同创新中所分担相对风险的另一个主要因素，即企业的创新风险承受能力。本章提出了对集群供应链企业创新风险承受能力进行评价和度量的方法体系。

4.1 集群供应链企业创新风险承受能力评价指标体系

若想客观、准确地构建集群供应链企业的创新风险承受能力评价指标体系，就要准确地分析此类企业创新风险承受能力的影响因素并对其进行归类。本研究在前人研究成果的基础上，充分考虑集群供应链环境背景对企业创新风险承受能力的影响，从外部环境、公司治理、财务状况和风险经历及应对措施四项影响因素着手，构建集群供应链企业创新风险承受能力评价指标体系。

4.1.1 评价指标体系构建原则

处于集群供应链上的企业，不仅要考虑供应链对企业的影响，还要考虑供应链所属集群对企业的影响。在构建评价指标体系对此类企业创新风险承受能力进行评价时，也要考虑到集群和供应链这两大背景环境对此类企业的影响。同时产业集群在地理层面上实现了对人、物、信息、资金的整合，是一个复杂多变的动态组织，构建的指标体系要层次清晰分明，覆盖面广，并且可以客观、准确地反映此类企业的创新风险承受能力。为了达到这一目的，需要在多个维度、全方位地分析集群供应链企业创新风险承受能力的影响因素。在指标体系的构建过程中，需要遵循系统性、典型性、动态性、科学性、综合性和可量化性这六大基本原则。

（1）系统性原则

对于集群供应链企业来讲，评价其创新风险承受能力，要准确洞察其所处环境、参与协同创新项目的合作伙伴，以及协同创新项目本身等诸多方面。各影响因素以及同一影响因素下的各个指标之间要有一定的逻辑关系，这些因素和指标不但要从自身可以反映所评价的对象即集群供应链企业创新风险承受能力的大小，还要从系统上体现各指标之间的内在联系。

（2）典型性原则

在构建集群供应链创新风险承受能力评价指标体系的过程中，要尽量选取具有典型代表性的指标，并且要确保所选取的指标能准确、客观地反映所评价对象的某一典型特征，同时指标的含义要清晰、明确。若选取的指标间有信息重叠，就会造成所评企业创新风险承受能力的二次评价，这样就直接造成了评价结果不准确、不客观。因此，选择具有典型性的指标来构建评价指标体系是十分必要的。

（3）动态性原则

上面提到产业集群是一个整合了人、物、信息和资金的动态复杂组织，集群供应链上的企业所处的环境也是动态、复杂多变的。不仅企业所处的环境是动态的，企业自身也是时时刻刻处于动态变化当中的，不管是企业职员的个人素质与工作能力，还是企业所面临的机遇、当地政策的变动等都会对集群供应链企业的创新风险承受能力造成影响。

（4）科学性原则

在构建企业创新风险承受能力评价指标体系时，指标的选择及指标体系的设计要基于科学性的原则，而不是单纯地反映评价指标体系构建人员的主观意愿，随意构建，以公正、客观的态度构建指标体系，不仅能够反映所评企业创新风险承受能力的真实情况，更能为接下来的模型构建奠定基础。若不顾企业的真实情况，只是随意安排评价指标，并不考虑指标选取得是否科学、客观，那么评价指标体系很有可能会出现指标信息重叠，体系混乱的结果。

（5）综合性原则

指标的选取不仅要考虑是否能客观地体现所评企业创新承受能力的真实情况，还要保证指标能够全面地反映被评对象的整体信息，而不是单纯片面地对碎片信息加以粗略整合，因此，要尽量全面地考虑被评企业创新风险承受能力的影响因素，并针对各影响因素分析评价指标。

（6）可量化性原则

在指标体系的构建过程中，要把握好所选的评价指标是否可以作为调查问卷评分的评分项目，并且明确对于集群供应链企业创新风险承受能力而言，其指标间是否可以直接比较重要性，这对于后面的数据评价模型有着根本上的限定。若选取的指标之间无法量化比较，也就意味着在建立了相应的评价指标体系之后，无法对其进行数量分析及等级评定，那么这样建立的评价指标体系就是无效的。

4.1.2　影响因素及评价指标

4.1.2.1　外部环境因素

外部环境因素是指一些存在于企业环境之外，且不能由企业本身控制，对企业本身产生一些波动性影响的因素，例如经济市场是否繁荣、产业集群的相关政策、市场环境是否稳定等。本书中“外部环境”因素指的是集群供应链大环境给予企业创新风险承受能力的影响。在外部环境因素影响下，集群供应链企业创新风险承受能力可以由市场需求度、集群规模、供应链节点企业间信息共享比率三个评价指标来体现。

（1）市场需求度 u_{11}，具体是指在特定地区、特定时间、特定的市场环境下企业被需要的程度。此项指标不仅与企业经营的产品有关，与消费者的收入水平、文化程度、喜爱偏好及消费力也有很大关系，市场需求度在一定程度上体现了企业产品的市场占有率。一个企业的市场需求度较高，代表着这个企业的产品是当前社会大众正需要的，也可以理解为是当前社会大众的生活必需，这个企业的市场占有率在一定程度上也很高，被取缔的可能性较小，相对来说，此企业的创新风险承受能力就较强。

（2）集群规模 u_{12}，集群是指集中于一定区域内特定产业的众多具有分工合作关系的不同规模等级的企业与其发展有关的各种机构、组织等行为主体，通过纵横交错的网络关系紧密联系在一起形成的组织机构。这里的集群也可以称为“产业集群”，集群规模是指此结构组织的规模。本书研究主体是集群供应链企业，集群作为企业的发展大背景，它直接决定了企业的地理位置和产品类型。若一个产业集群规模较大，则此集群必定可以拉动周边区域经济的发展，提高该地区的经济总量，并且，此产业集群的经营模式也大多较为正规，而对于处于此产业集群内的企业而言，可以说集群规模的大小直接决定了企业发展前景的大小。

（3）供应链节点企业间信息共享比率 u_{13}，即集群内供应链上的企业之间信息共享程度。供应链上的企业作为某一企业的上游，可能同时为另一企业的下游，由于长鞭效应的存在，供应链中的企业获得的信息也在一定程度上存在偏差，这样对企业间信息共享程度就有了更高的要求。若在一条供应链内，长鞭效应较明显，也就是此链内上下游企业间信息传递时产生的偏差较大，那这样信息共享比率则较低，同时信息共享比率不仅可以体现供应链内长鞭效应的强弱，还能体现上下游企业之间的信任程度。而对于产业集群内的某条供应链来说，此条供应链内的企业在与上下游企业共同开展创新项目时，对企业间信息共享比率就有了比较高的要求，由于产业集群内企业生产的产品大多是同一装备或器具的不同零部件，在进行协同创新时，需要配套进行生产，若参与协同创新的企业只顾自己创新，与其他企业信息共享不及时，那么协同创新项目必定进行得不够顺利，因此对企业间信息共享比率就有了比较高的要求。

4.1.2.2　公司治理因素

公司治理因素是指来自企业内部的一些对企业自身创新风险承受能力有影响的因素，或者是可以借此区分企业创新风险承受能力高与低的因素。作为风险承受能力的主体，企业自身的影响程度至关重要。在公司治理因素下，企业创新风险承受能力可以由企业规模、职工技能水平、管理人员所做决策科学程度、高学历职工所占比重、研发部门员工所占比重、新产品研发成功率、新产品研发周期、协同创新能力八个评价指标来体现。

（1）企业规模 u_{21}，企业规模是指劳动者、劳动手段及劳动对象等生产要素和产品在企业里集中的程度。企业一般分为特大型、大型、中型、小型规模。企业规模与企业的各项经营活动息息相关，自然也与企业的风险承受能力有着密切的联系。企业规模越大，可以从侧面体现出企业的资金实力越雄厚，相应地，企业的风险承受能力也会越强。

（2）职工技能水平 u_{22}，即企业职工所掌握的工作技术与其工作能力的高低。职工作为公司的主体，同时作为企业的最小组成单位，其技能水平的高低直接决定了企业的发展状况，也在一定程度上体现公司经营产品的专业性。若企业的职工技能水平不尽如人意，那么生产的产品质量也会参差不齐，企业则很难承受住各类风险的打击。只有职工的技能水平提高了，才能适应日益更新的科学技术，企业的竞争力和风险承受能力才能增强。

（3）管理人员所做决策科学程度 u_{23}，作为企业的管理层，管理人员所做的决策，在很大程度上决定了企业的发展方向，正确的行为来源于正确的决策，若管理层在做决策时只是专注于决策本身，盲目地相信自己的判断，只是凭空想象决策的可行性，没有考虑到决策的切实可行性，那么这种决策过程就是不合理的，就是不科学的，这种决策也必然不能客观地解决企业所面临的问题，不能有的放矢地针对企业的真实情况进行改善。企业在与其上下游企业进行协同创新时，管理人员做出的某个决策科学程度不高，不能及时地解决当前问题，那么企业在遇到规模较大的风险时，则在很大程度上会面临损失。因此，管理层人员所做决策的科学程度与企业的风险承受能力直接挂钩。

（4）高学历职工所占比重 u_{24}，此处的“高学历职工”即学历为本科及以上的员工。职工的受教育程度与企业的发展水平息息相关，职工学历在很大程度上决定了自身学习能力与吸收新知识、接受新事物的能力。学历高在一定程度上代表着个人抗风险能力高，职工作为组成企业的最小单位，从根本上决定了企业的风险承受能力，只有职工的个人风险承受能力提高了，企业的风险承受能力才能相应地得到提高。

（5）研发部门员工所占比重 u_{25}，即研发部门员工人数占全体职工的比重，研发部门是直接与“创新”挂钩的一个创造性部门，而创新又是企业发展过程中一个至关重要的因素，企业在研发部门投入人力、财力、物力的比重，直接决定企业的创新风险承受能力。

（6）新产品研发成功率 u_{26}，即研发部门研发的利润型新产品的成功率，在一定程度上，一个产品只有在研发成功投入市场并带来利润之后，才可以称为企业的“新产品”。在一个新产品成功上市的背后，必定有无数个失败、未能上市、未能带来利润的失败品，若一个企业的新产品研发成功率过低，即失败品的数量过多，就意味着企业不得不付出成倍的人力、物力、财力，这样的企业风险承受能力必定不高。

（7）新产品研发周期 u_{27}，即新产品从研发到投入使用或上市所需的时间，与上一个评价指标不同，新产品成功率过低，意味着企业要为众多失败品付出成倍的人力、物力、财力，而如果只是新产品的研发周期过长，新产品能成功投入使用或成功上市，那么代表着企业投入的人力、物力、财力并不是白费的。但研发周期过长，同样也意味着企业的风险承受能力不会太高。

（8）协同创新能力 u_{28}，协同创新是一项复杂的创新组织方式，在本研究背景下，是指在集群供应链内，以核心企业为中心，与上下游配套企业就一个创新项目展开的合作形式。若一个企业的协同创新能力不高，也就意味着在面临协同项目时，企业的参与度不高，如果出现突发事件，此企业很可能要承担损失。

4.1.2.3　财务状况因素

财务状况指的是一定时期的企业经营活动体现在财务上的资金筹集、资金运用与资金回收状况。一个企业的财务状况，能最直观地体现这个企业的实力；现金流越充沛，代表此企业实力越强大，而实力越强从侧面能体现企业风险承受能力越强，越能经得起动荡。在财务状况因素下，企业的创新风险承受能力主要可以由资产收益率、创新型产品盈利比率、利润涨幅、偿债能力、新产品研发费用比重这五个指标来体现。

（1）资产收益率 u_{31}，又称为资产回报率，是净利润与平均资产之比，是衡量每单位资产创造多少净利润的指标，该指标越高，表明企业资产利用效果越好。资产收益率越高，就代表企业盈利能力越高，风险承受能力自然就越强。

（2）创新型产品盈利比率 u_{32}，是指创新型产品带来的净利润占总利润的比重，是可以直接反映企业创新能力的指标。此比率数值越高，代表由创新型产品贡献的利润越高，而创新型产品作为直接与创新挂钩的指标，能在很大程度上反映企业的创新风险承受能力。

（3）利润涨幅 u_{33}，即在一段时期内，企业的利润增长幅度。利润涨幅在一定程度上反映了企业的盈利能力与经济状况，利润涨幅大，代表企业盈利状况好。而盈利能力强的、经济状况好的企业相对于那些盈利能力弱的、经济状况差的企业来说，必定更能经受得起动荡，其风险承受能力也相对较强。

（4）偿债能力 u_{34}，即企业清偿各种到期债务的承受能力和保证程度，具体来说，是在满足生产经营活动的基本支出后，看企业是否还有结余现金去偿还到期债务的本息，故偿债能力与企业的经济状况直接挂钩。偿债能力越强，代表企业的经济状况越好，这样的企业风险承受能力必定较强。

（5）新产品研发费用比重 u_{35}，即用于新产品研发的费用占企业支出费用的比重。企业在新产品研发期间投入的资金量，代表了企业对新产品研发的重视程度，而若一个企业对新产品的研发不重视，那么新产品的研发、推广及后期的产品上市都必定效果不佳。这样的企业在参与协同创新项目时，参与度必定不高，此类企业的创新风险承受能力也不容乐观。

4.1.2.4 风险经历及应对措施因素

风险经历及应对措施是指企业曾经经历过风险的类型、规模大小及企业处理风险事件的具体措施。一个企业的风险承受能力如何，必定与此企业经受过的风险经历有关，这里的风险经历包括经历风险的种类以及数量。而在经历风险后，企业采取怎样的措施去挽救损失，也从侧面反映了企业的创新风险承受能力。此影响因素下，企业创新风险承受能力可以由经历风险种类、风险间隔时间、风险相对规模、对风险做出反应所需时间、补救措施的科学程度五个方面来体现。

（1）经历风险种类 u_{41}，按风险产生的原因将企业经历的风险分类，可以分为经济风险、自然风险和技术风险等。倘若某个企业经历过的风险中次数最多的是经济风险，则在一定程度上说明此企业在经济方面存在漏洞。而经历风险种类过多、次数过多，则说明这个企业在抗风险方面略微逊色，从而体现了企业的风险承受能力较弱。

（2）风险间隔时间 u_{42}，即企业经历的风险中，相邻风险的间隔时间。风险间隔期太短，即企业经历的相邻风险之间时间太短，就意味着企业要在短时间内经历两次或两次以上的风险，这无疑是企业风险承受能力差的体现。

（3）风险相对规模 u_{43}，即企业经历过的风险规模大小，风险也可以分为小型风险与大型风险。若一个企业经历的风险规模普遍较大，则说明此企业存在的问题较为严重，那在进行创新项目合作过程中，若出现较大规模风险，此类企业大多经受不起动荡，不得不面临风险的打击以及承受风险带来的损失。

（4）对风险做出反应所需时间 u_{44}，是指企业从经历风险开始到企业采取措施的时间长短。此项指标可以反映出企业的风险应对机制是否完善，对于不同类型的风险是否灵敏，可以反映企业的综合素质。若对风险做出反应所需时间过长，则表明企业对风险不敏感，反应不够迅速，风险应对机制不够完善，故可以在一定程度上反映企业的风险承受能力。

（5）补救措施的科学程度 u_{45}，即风险产生后，企业采取措施的合理程度与有效程度。从风险产生后的紧急应对方案可以看出一个企业对待风险的态度与重视程度，并且可以直接反映企业的风险应对机制是否健全。倘若风险已经发生，企业也迅速采取了措施进行补救，但补救措施不够科学与合理，那么长此以往，企业的风险承受能力必定处于一个不尽如人意的水平。显然此项指标也能反映出企业风险承受能力的强弱。

4.1.3　集群供应链企业创新风险承受能力评价指标体系构建

一个企业的风险承受能力受企业多方面因素的影响，本书结合集群供应链企业创新风险承受能力的影响因素，从外部环境、公司治理、财务状况、风险经历及应对措施四个方面来构建评价指标体系，并罗列了每个影响因素所对应的评价指标，如图 4-1 所示。

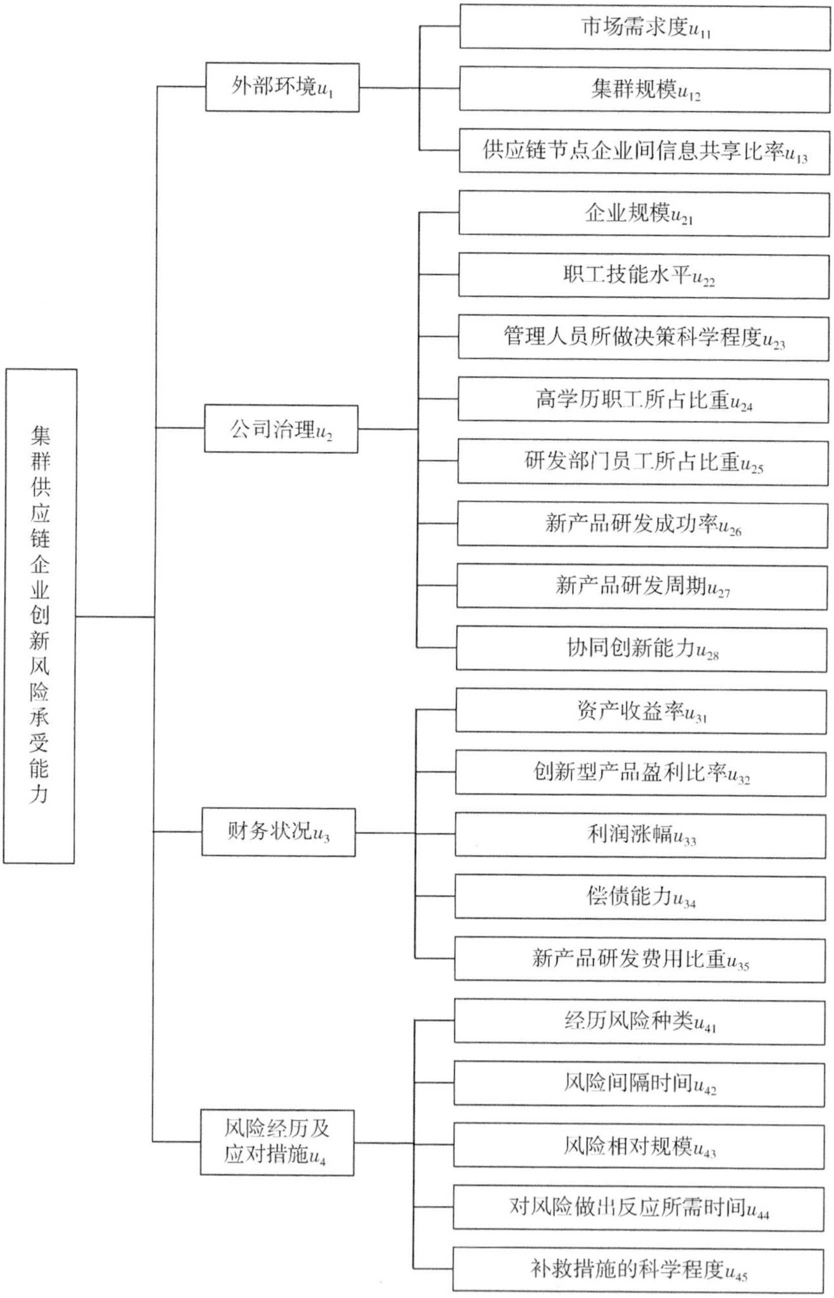

图 4-1　企业创新风险承受能力的评价指标体系

4.1.4　评价指标筛选

由于建立的指标体系是由众多评价指标构成的，而这些指标的具体数据来源于调查问卷，众所周知，调查问卷是一种能够反映填写人的主观意愿和填写人对某一事物看法的获取数据的方式，这种方式可以真实地反映企业的具体经营状况。但由于其获取数据的独特方式，难免会有一些无效问卷，通过初次筛选，得知问卷有效回收率为 88.6%，但经过初次人为筛选的问卷还不够严谨，有可能存在一些指标相关度较高，指标与指标间界限不清晰，从而会造成这些指标所携带的信息出现重叠的现象，这些指标并不能真实、准确地反映相关企业的风险承受能力，必须进行进一步的指标筛选来剔除那些相关度高、鉴别力差的指标。

4.2　基于组合赋权的模糊综合评价模型

在传统观念里，人们对于某一事物评价的边界总是趋于模糊的，例如对“速度”进行评价，人们往往会选择类似“很快”“非常快”“慢”“缓慢”这样的词语描述速度的大小，但“很快”与“非常快”之间的边界在哪里？速度多少为“很快”？“非常快”又指的是速度高于多少？模糊综合评价法正是用来解决此类问题的，此方法最早由我国学者汪培庄提出，该综合评价方法根据模糊数学的隶属度理论把这些定性评价转化为定量评价，从而转化为数据信息，即用模糊数学对受到多种因素制约的事物或相关事物做出一个总体的评价。其基本原理是通过确定评价等级的方式构建模糊综合评价矩阵，在得到各指标的权重值后，通过模糊算子的方式进行模糊运算并归一化，最终可获知被评价对象所在的评语集。此过程以模糊数学为基础，将一些边界模糊的定性指标定量化，同时从多个因素对被评价事物隶属等级进行综合评判。

本研究选用的是模糊综合评价法里的多层次模糊综合评价法，此方法可以理解为叠加式的模糊综合评价法，即先在评价指标体系每一层内部采用模糊综合评价，然后再进行更高层次模糊评判，逐级汇总继而得出最终结论。一般来说，在考虑的影响因素较多时会带来两个问题：一方面，权重分配很难确定；另一方面，即使确定了权重分配，由于要满足归一性，每一因素分得的权重必然很小。无论采用哪种算子，经过模糊运算后都会“淹没”许多信息，有时甚至得不出任何结果。所以，需采用分层的办法来解决问题。

多层次模糊综合评价模型流程图如图 4-2 所示。

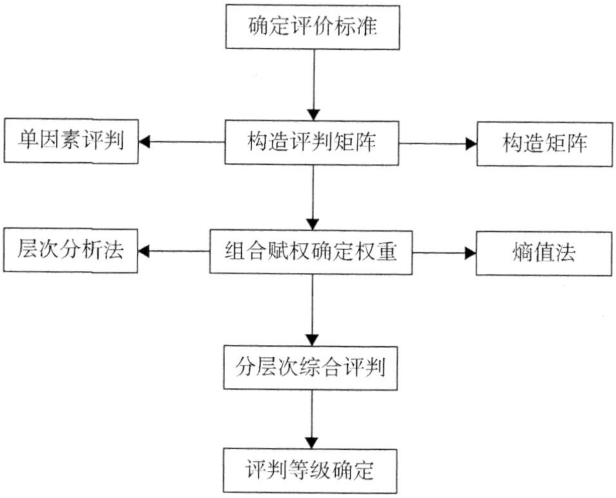

图 4-2　多层次模糊综合评价模型流程图

4.2.1　确定评价标准

评价标准即具体的评价因素及评价等级。设 $U=\{u_1,u_2,\cdots,u_m\}$ 为被评价对象的评价指标，$V=\{v_1,v_2,\cdots,v_m\}$ 为被评价对象所处的状态。这里 m 为评价指标的个数，由具体指标体系决定，本研究评价指标体系共包含 21 个评价指标，借助相关系数法进行筛选后，指标体系共包含 17 个评价指标，评价指标体系一般划分为 3~5 个等级，本研究分为 5 个等级，n 为评语等级的个数。

4.2.2　构造评判矩阵

4.2.2.1　单因素评判

单因素评判具体指的是多个评价人员依据 1~5 级评判标准，对某一指标进行评价打分。这样可以得到此指标的单因素评判集 $r_i=(r_{i1},r_{i2},\cdots,r_{in})$，集合中某一元素 r_{in} 的实际意义指的是认为第 i 个因素处于第 j 个评语等级上的评价人员个数。

4.2.2.2　构造矩阵

已知共有 m 个评价因素，n 个评语等级，得到一个总的评价矩阵 $\boldsymbol{R}$，代表着每一个评价指标在每一个评语等级上的频率分布。

$$\boldsymbol{R}=(r_{ij})_{m\times n}=\begin{bmatrix} r_{11} & r_{12} & \cdots & r_{1n} \\ r_{21} & r_{22} & \cdots & r_{2n} \\ \vdots & \vdots & & \vdots \\ r_{m1} & r_{m2} & \cdots & r_{mn} \end{bmatrix}$$

一般来说，r_{ij} 表示第 i 个因素 u_i 在第 j 个评语等级上的频率分布，并将其归一化使之满足 $\sum r_{ij}=1$。

4.2.3　组合赋权

主观赋权过度依赖专家经验，不能客观地体现指标的权重，而装备制造业又是以经验为导向的行业，需要一定的经验成分，故单纯采用客观赋权也是不可行的。本研究摒弃了单一的赋权方式，采取主客观组合赋权的方法来确定各指标权重，具体说来，通过层次分析法确定各指标主观权重值，通过熵值法确定各指标的信息效用值，借助此数值对各指标主观权重值做客观性处理，从而获得各指标的组合权重。

4.2.3.1 主观赋权

本书主观赋权部分采取层次分析法，层次分析法于 20 世纪 70 年代初由美国运筹学家 T. L. Saaty 提出，利用线性代数中矩阵特征值的思想，对待解决问题进行分解，划分为目标层、基准层与决策方案层，数据以专家评分的方式来获得，包含了各个评分者的主观意愿。在此将它当作主观赋权的方法，也就是通过定性分析的方式获取权重。

（1）构造判断矩阵

所谓判断矩阵，指的是矩阵中的元素针对上一层元素而言，对本层元素两两比较的重要性进行比较打分，并对此重要性进行分级，采用 1~9 度标度法进行分级，体现为数值的表示方式，并形成矩阵。1~9 度标度含义见表 4-1。

表 4-1　1~9 度标度含义

标度	含义
$c_{ij}=1$	表示 i 元素与 j 元素相比，具有相同重要性
$c_{ij}=3$	表示 i 元素与 j 元素相比，前者比后者稍微重要
$c_{ij}=5$	表示 i 元素与 j 元素相比，前者比后者一般重要
$c_{ij}=7$	表示 i 元素与 j 元素相比，前者比后者非常重要
$c_{ij}=9$	表示 i 元素与 j 元素相比，前者比后者极端重要
$c_{ij}=1/3$	表示 i 元素与 j 元素相比，后者比前者稍微重要
$c_{ij}=1/5$	表示 i 元素与 j 元素相比，后者比前者一般重要
$c_{ij}=1/7$	表示 i 元素与 j 元素相比，后者比前者非常重要
$c_{ij}=1/9$	表示 i 元素与 j 元素相比，后者比前者极端重要

若评分者认为“外部环境”比“公司治理”非常重要，则选 7；若评分者认为“公司治理”比“外部环境”稍微重要，则选 1/3。其余评分项以此类推。

记判断矩阵为 $\boldsymbol{C}=(c_{ij})_{m\times n}$，其中 c_{ij} 代表 c_i 和 c_j 的重要程度之比。此判断矩阵可以表示为：

$$C_{mn}=\begin{bmatrix} c_{11} & c_{12} & \cdots & c_{1n} \\ c_{21} & c_{22} & \cdots & c_{2n} \\ \vdots & \vdots & & \vdots \\ c_{m1} & c_{m2} & \cdots & c_{mn} \end{bmatrix}$$

（2）判断矩阵的一致性检验

如果 $\lambda_1, \lambda_2, \cdots, \lambda_n$ 满足式 $\boldsymbol{A}x=\lambda x$，也就是 λ 为矩阵 $\boldsymbol{A}$ 的特征根，在此矩阵中，对角线上的元素均为 1，即指标 X 对指标 X 的重要性之比为 1。对于所有 $a_{ii}=1$，有 $\sum_{i=1}^{n}\lambda_i=n$。

矩阵一致性问题可分为以下两种情况：

①矩阵具有完全一致性时，$\lambda_1=\lambda_{\max}=n$，其余特征根均为 0。

②矩阵不具有完全一致性时，$\lambda_1=\lambda_{\max}>n$，其余特征根满足 $\sum_{i=1}^{n}\lambda_i=n-\lambda_{\max}$。

由上可知，矩阵的一致性与特征根有关，需引入一个变量 CI 作为判断一致性的指标。CI 表达式如下：

$$CI=\frac{\lambda_{\max}-n}{n-1}$$

CI 值越大，表明判断矩阵偏离完全一致性的程度越大；CI 值越小（接近于 0），表明判断矩阵的一致性程度越大。但由于判断矩阵的阶数不同，判断其一致性时的误差也不同，所以要引入一个新指标 RI——判断矩阵的平均一致性指标值，阶数不同，CR 的值便不同，对于 1~9 阶判断矩阵，各自的 RI 值见表 4-2。

表 4-2　1~9 阶判断矩阵 *RI* 值

n	1	2	3	4	5	6	7	8	9
RI	0.00	0.00	0.58	0.90	1.12	1.24	1.32	1.41	1.45

当阶数分别为1或2时，平均一致性指标值均为0，此种情况是因为阶数为1或2时，矩阵总具有完全一致性。而阶数大于2时，RI值才开始有了变化，这时引入一个新的指标CR，CR为矩阵的一致性指标值与同阶平均一致性指标值之比，即随机一致性比率：

$$CR=\frac{CI}{RI}$$

当$CR<0.10$时，可以认为此矩阵具有满意的一致性。若$CR\geqslant 0.10$，则表明此矩阵不具有满意的一致性，这时就要调整判断矩阵，使之具有满意一致性，即使$CR<0.10$。

（3）权重计算

①对判断矩阵的每列进行求和，记为$\sum_{i=1}^{m} a_{im}$。

②对每一列进行归一化处理，即用矩阵中的元素除以元素所在列元素之和，可得到一个新的矩阵记为$\boldsymbol{C}_{mn}$。

③对新矩阵（每列之和均为1）的每一行进行求和，即可得到矩阵的特征向量$\boldsymbol{D}_i$。

④对特征向量进行归一化处理，可得到各指标的权重，即用每一个特征向量除以特征向量的总和，可得到相对应的权重值，记为W_i。

简言之，对判断矩阵进行归一化处理就可得到各指标的权重值，但此指标不一定可取，此时就要进行前面介绍的判断矩阵的一致性检验。若检验不通过，则需要进行小幅度调整。

4.2.3.2 指标客观信息效用值的确定

本研究通过熵值法确定各指标的信息效用值，计算步骤如下。

（1）对n个样本，m个指标，则x_{ij}为第i个样本的第j个指标的数值，其中$i=1,2,\cdots,n$；$j=1,2,\cdots,m$。

（2）指标的归一化处理：异质指标同质化。

由于各项指标的计量单位并不统一，因此在用它们计算综合指标前，先要进行标准化处理，即把指标的绝对值转化为相对值。另外，正向指标和负向指标数值代表的含义不同，需要采用不同的算法进行数据标准化处理，为了方便，归一化后的数据 x'_{ij} 仍记为 x_{ij}。

①正向指标：指标本身的提高会直接促进企业创新风险承受能力的提高，此类指标称为“正向指标”，此类指标对应的数值越高越好。正向指标处理公式如下：

$$x'_{ij}=\frac{x_{ij}-\min\{x_{ij},\cdots,x_{nj}\}}{\max\{x_{ij},\cdots,x_{nj}\}-\min\{x_{ij},\cdots,x_{nj}\}}$$

②负向指标：指标本身的提高会直接导致企业创新风险承受能力的下降，此类指标称为“负向指标”，此类指标数值越低越好。负向指标处理公式如下：

$$x'_{ij}=\frac{\max\{x_{ij},\cdots,x_{nj}\}-x_{ij}}{\max\{x_{ij},\cdots,x_{nj}\}-\min\{x_{ij},\cdots,x_{nj}\}}$$

（3）计算第 j 项指标下第 i 个样本值占该指标的比重，即做比值运算。

$$p_{ij}=\frac{x_{ij}}{\sum_{i=1}^{n}x_{ij}}\quad(i=1,2,\cdots,n;\ j=1,2,\cdots,m)$$

（4）计算第 j 项指标的熵值：其中，$k=1/\ln n$，同时 $k>0$ 且满足 $e_j>0$。

$$e_j=-k\sum_{i=1}^{n}p_{ij}\ln p_{ij}$$

（5）计算第 j 项指标的信息效用值：

$$d_j=1-e_j$$

4.2.3.3　组合权重值的计算

由前文描述可知，层次分析法在确定指标权重时更方便快捷，但过于依赖专家的主观判断，主观性难免过大，与之相比，熵值法就显得更为客观。而熵值法是根据指标值的变异程度来计算指标权重，变异越大，该指标所赋权重也越大。因此，在一些重要指标的指标值变异较小、非重要指标的指标值变异较大的情况下容易出现重要指标权重小、非重要指标权重大的不合理现象。基于以上两点考虑，本研究采用两种方法相结合的赋权方法，主客观相结合会得到更加合理与精确的指标权重。

通过层次分析法获得的指标权重为 w_i，通过熵值法得到各评价指标的信息效用值 d_i，又称为差异性系数，借助指标的客观信息效用值对 w_i 进行客观调整，从而得到一个新的权重 W'_i，计算公式为 $W'_i = w_i d_i$，再将新得到的 W'_i进行归一化处理，得到最终的组合赋权公式 $W_i = \frac{W'_i}{\sum_{i=1}^{m} W'_i}$，$W_i$ 为第 i 个指标的综合权重。

4.2.4 分层次综合评判

本研究的评价指标体系共包含两级指标，第一级指标包含 u_1, u_2, u_3, u_4，其中 u_1 包含 u_{11}, u_{12}, u_{13}，u_2 包含 $u_{21}, u_{22}, u_{23}, u_{24}, u_{25}, u_{26}, u_{27}, u_{28}$，$u_3$ 包含 $u_{31}, u_{32}, u_{33}, u_{34}, u_{35}$，$u_4$ 包含 $u_{41}, u_{42}, u_{43}, u_{44}, u_{45}$。

4.2.4.1 模糊算子的确定

$\boldsymbol{R}$ 中不同的行反映了被评价事物从不同的单因素来看各等级模糊子集的隶属程度，而隶属程度指的是被评事物从整体上来看对各等级模糊子集的隶属程度，即模糊综合评价结果向量，用模糊权重向量 $\boldsymbol{M}$ 将不同的行进行综合，可以得到该被评事物从总体上来看各等级模糊子集的隶属程度，即模糊综合评价结果向量。

引入模糊子集 $\boldsymbol{B}$，即决策集，$\boldsymbol{B} = (b_1, b_2, \cdots, b_n)$，而 $\boldsymbol{B} = \boldsymbol{M} * \boldsymbol{R}$，符号“ * ”称为算子符号，而模糊算子是 * 所代表的合成运算过程，给予不同的模糊算子，就有不同的评价模型。

从理论上而言，合成运算过程有无穷多种，但考虑到现实意义，评价过程中经常采用的具体模型有几种。关于 $\boldsymbol{B}$ 的求法，最早的合成运算采用查德算子（主因素突出型），但当评价因素较多时，由于 a_i 很小，评价结果得到的 b_i 反映不出真实情况，因此，应用查德算子做综合评判，往往得到的结果与实际情况相差很大。为了克服这一缺点，人们常常根据实际情况采用其他类型的“与”“或”算子，或者将两种类型的算子搭配使用。当然，最常见的是普通矩阵乘法，此种计算可以让每个因素都对综合评价结果有贡献，可以比较客观地反映评价对象的全貌。在实际问题中，只要采用的算子可以抓住实际问题的本质，获得满意的效果，并且保证满足 $0 \leqslant b_i < 1$ 即可。

4.2.4.2　综合评判

第一层：二级指标的权重集合分别为 $\boldsymbol{M}_1$，$\boldsymbol{M}_2$，$\boldsymbol{M}_3$，$\boldsymbol{M}_4$，综合评判矩阵为 $\boldsymbol{R}_1$，$\boldsymbol{R}_2$，$\boldsymbol{R}_3$，$\boldsymbol{R}_4$，则综合评判的结果分别 $\boldsymbol{B}_{11} = \boldsymbol{M}_1 * \boldsymbol{R}_1$，$\boldsymbol{B}_{12} = \boldsymbol{M}_2 * \boldsymbol{R}_2$，$\boldsymbol{B}_{13} = \boldsymbol{M}_3 * \boldsymbol{R}_3$，$\boldsymbol{B}_{14} = \boldsymbol{M}_4 * \boldsymbol{R}_4$。已知 $\boldsymbol{M}$ 为权重集合，表现形式为行向量，$\boldsymbol{R}$ 为综合评判矩阵，表现形式为 m 行 n 列，在文中，$\boldsymbol{B}_{11}$，$\boldsymbol{B}_{12}$，$\boldsymbol{B}_{13}$，$\boldsymbol{B}_{14}$ 均为元素数为 5 的行向量，这时将 U_i 视为一个单独元素，用 $\boldsymbol{B}_i$ 作为 V 单指标评价向量，可构成 U 到 V 的评判矩阵 $\boldsymbol{R}$。

第二层：本层共包含四个指标，即四个一级指标。本层的评价向量 $\boldsymbol{B} = \boldsymbol{M} * \boldsymbol{R}$，$\boldsymbol{M}$ 为本层四个一级指标的权重集合，$\boldsymbol{R}$ 为由第一层评判过程得到的评判矩阵，同上层的计算过程，可得到 $\boldsymbol{B}$ 为五个元素的行向量，分别代表着不同程度的评语。

评判指标处理：根据最大隶属度原则，此原则指的是要在得到的几个数值中选取最大者，而最大数值所对应的评语为在综合评判下，被评价对象所处的评语等级。在本书中的含义为，若所评企业对应的评语等级多为第一级，则证明企业的创新风险承受能力处于评语等级的最低级，即企业的创新风险承受能力极弱，一旦在进行创新合作项目过程中出现问题，或者创新合作项目失败，企业则会面临巨大的损失，甚至就此破产；若所评企业对应的评语等级为第五级，则证明所评企业的创新风险承受能力处于评语等级的最高级，即风险承受能力极强，不仅可以承受住一般规模的风险，还可以承受住大型规模甚至超大型规模的风险。

4.3 应用研究

4.3.1 样本数据的获取

4.3.1.1 问卷调查

本研究对大连市旅顺口区轨道交通装备制造产业集群供应链中某核心企业进行应用研究，采取上述评价指标体系对此公司创新风险承受能力做出综合评价，同时对其评价结果进行分析。其中相关数据通过问卷调查获得，共发放问卷114份，回收有效问卷101份，问卷有效回收率为88.6%。

问卷调查主要通过电子邮件、网络聊天工具两种方式进行。通过学校与相关企业之间长期合作的关系，向相关人员发放调查问卷，其中，向相关领域的专家及核心技术人员发放调查问卷获得的数据，经相应计算处理后用于主观赋权，即此部分数据用于层次分析法确定评价指标权重；向该企业的核心部门管理人员与技术人员发放调查问卷获得的数据，经相应计算处理后用于客观赋权，即此部分数据用于熵值法确定评价指标权重。

4.3.1.2 样本选择

市场调查不同，所选择的样本对象不同，其调查问卷的侧重点自然也不同。本研究通过发放问卷的方式来获取评价模型的数据。调查问卷的设计一般来说要满足信度和效度两项基本原则。

(1) 信度分析

信度，即信息来源的可靠程度，准确来讲为测验结果的一致性、稳定性及可靠性。具体来说，信度分析是指选取同一方法对同一评价对象重复测量时所得结果的一致性程度，而信度指标多以相关系数表示，大致可分为三类：稳定系数（跨时间的一致性）、等值系数（跨形式的一致性）和内在一致性系数（跨项目的一致性）。信度分析的方法主要有重测信度法、复本信度法、折半信度法、α 信度系数法四种。本研究选取的信度分析的方法为 α 信度系数法，Cronbach's α 信度系数是目前最常用的信度系数，其公式为：

$$\alpha=\left(\frac{k}{k-1}\right)\left(\frac{1-\sum S_i^2}{S_t^2}\right)$$

其中，k 为量表中题项的总数，S_i^2 为第 i 题得分的题内方差，S_t^2 为全部题项总得分的方差。从公式中可以看出，α 系数评价的是量表中各题项得分间的一致性，属于内在一致性系数。这种方法适用于态度、意见式问卷（量表）的信度分析。Cronbach's α 系数最小值为 0，最大值为 1，α 值越大表明调查问卷的各个项目之间相关性越强，内部一致性可信度随之增高。通常来说，α 值大于 0.8 表明一致性非常好，α 值为 0.6~0.8 表明一致性比较好，α 值小于 0.6 表明一致性比较差。在实际运用中，Cronbach's α 值一般至少需要大于 0.5，大于 0.7 为最佳。

本问卷经计算得到 Cronbach's α 值为 0.857，见表 4-3，表明内部一致性可信度极高，以此数据进行统计分析是非常理想的。

表 4-3　可信度分析

Cronbach's α 值	基于标准化题项的 Cronbach's α 值	题项数
0.857	0.866	21

（2）效度分析

效度是指调查的准确性与有效性，即测量手段或者工具可以准确地反映出被测对象的各方面特征。也就是说，当一项测量能够测试它的目标事物时，就可以说这是一项有效的调查，其具有效度。如果调查的选项设计合理，即问题的选项合理、难度适中、数量得当和层次分明等，测量的结果就会有很高的效度。本问卷用探索性因子分析来做效度分析。在一般的社会行为学研究中，如果 KMO 值达到 0.9 以上，表示该调查问卷数据十分适用于因子分析；*KMO* 值为 0.8~0.9 表示很适合做因子分析；*KMO* 值为 0.7~0.8 表示适合做因子分析；*KMO* 值为 0.6~0.7 表示不是很适合做因子分析；*KMO* 值为 0.5~0.6 表示勉强适合做因子分析；*KMO* 值在 0.5 以下表示不适合做因子分析。在实际分析时，测量项的因子载荷量大于 0.4 通常便视为有效。KMO 检验和 Bartlett 球形检验见表 4-4。

表 4-4　KMO 检验和 Bartlett 球形检验

检验	项目	结果
KMO 检验	*KMO* 值	0.820
Bartlett 球形检验	近似卡方值	1106.43
	自由度	210
	显著性水平	0.000

由表 4-4 可知，本问卷的 *KMO* 值为 0.820，偏相关性很弱，同时 Bartlett 球形检验值为 0，$P<0.001$，表示该问卷数据适合做探索性因子分析，可以进行指标之间的相关性分析。

4.3.2　创新风险承受能力因素指标

4.3.2.1　创新风险承受能力因素指标筛选

本研究选用相关系数法进行指标筛选，并借助 SPSS 进行相关性分析，分析结果见表 4-5~表 4-8。

表 4-5　外部环境因素各指标相关系数

指标	u_{11}	u_{12}	u_{13}
u_{11}	1	0.136	0.291
u_{12}	0.136	1	0.164
u_{13}	0.291	0.164	1

表 4-6　公司治理因素各指标相关系数

指标	u_{21}	u_{22}	u_{23}	u_{24}	u_{25}	u_{26}	u_{27}	u_{28}
u_{21}	1	0. 294	0. 381	0. 225	0. 226	0. 081	0. 404	0. 361
u_{22}	0. 294	1	0. 294	0. 321	0. 062	0. 303	0. 198	0. 22
u_{23}	0. 381	0. 294	1	0. 256	0. 379	0. 113	0. 249	0. 427
u_{24}	0. 225	0. 321	0. 256	1	0. 217	0. 256	0. 247	0. 194
u_{25}	0. 226	0. 062	0. 379	0. 217	1	0. 045	0. 616	0. 355
u_{26}	0. 081	0. 303	0. 113	0. 256	0. 045	1	0. 12	0. 008
u_{27}	0. 404	0. 198	0. 249	0. 247	0. 616	0. 12	1	0. 567
u_{28}	0. 361	0. 22	0. 427	0. 194	0. 355	0. 008	0. 567	1

表 4-7　财务状况因素各指标相关系数

指标	u_{31}	u_{32}	u_{33}	u_{34}	u_{35}
u_{31}	1	0. 504	0. 21	0. 396	0. 546
u_{32}	0. 504	1	0. 578	0. 079	0. 093
u_{33}	0. 21	0. 578	1	0. 026	0. 168
u_{34}	0. 396	0. 079	0. 026	1	0. 399
u_{35}	0. 546	0. 093	0. 168	0. 399	1

表 4-8　风险经历及应对措施因素各指标相关系数

指标	u_{41}	u_{42}	u_{43}	u_{44}	u_{45}
u_{41}	1	0. 34	0. 43	0. 232	0. 438
u_{42}	0. 34	1	0. 03	0. 022	0. 06
u_{43}	0. 43	0. 03	1	0. 703	0. 422
u_{44}	0. 232	0. 022	0. 703	1	0. 389
u_{45}	0. 438	0. 06	0. 422	0. 389	1

若两个指标的相关系数大于 0. 5，则代表这两个指标的相关性较强，即

相关性显著，应剔除两个指标中的某一个指标。在外部环境因素的相关指标中，各指标之间的相关系数均小于 0.5，证明这些指标之间的信息重叠处于一个较低的水平，即指标间相关性不强。在公司治理因素的相关指标中，u_{25} 与 u_{27} 的相关系数为 0.616，意味着研发部门员工所占比重与新产品研发周期在某种层面上出现了信息堆叠的现象，而 u_{27} 与 u_{28} 的相关系数为 0.567，表明新产品研发周期与协同创新能力这两项指标的相关性稍强，于是考虑剔除指标 u_{27}，即剔除新产品研发周期此项指标。在财务状况因素的相关指标中，u_{31} 与 u_{32}、u_{32} 与 u_{33}、u_{31} 与 u_{35} 这三组指标的相关系数均大于 0.5，分别为 0.504、0.578、0.546，代表资产收益率与创新型产品盈利比率、创新型产品盈利比率与利润涨幅、资产收益率与新产品研发费用比重这三组指标的相关性稍强，考虑剔除资产收益率与创新型产品盈利比率两项指标。在风险经历及应对措施因素的相关指标中，u_{43} 与 u_{44} 的相关系数为 0.703，远远大于其他指标间的相关系数，证明风险相对规模与对风险做出反应所需时间这两项指标间的相关性较强，在很大程度上存在信息重叠的现象。观察到风险相对规模此项指标与其他指标的相关系数与对风险做出反应所需时间此项指标与其他指标的相关系数相比，前者在很大程度上大于后者，考虑剔除风险相对规模此项指标。

综上，借助相关系数法对集群供应链企业创新风险承受能力的评价指标体系的所有指标进行筛选，剔除掉新产品研发周期、资产收益率、创新型产品盈利比率与风险相对规模四项指标，筛选出关键性影响因素指标 17 个。

4.3.2.2 优化评价指标体系

经相关系数法对 21 个评价指标筛选后，剔除 4 个相关性较大的指标，剩余 17 个有效指标，优化后的评价指标体系如图 4-3 所示。

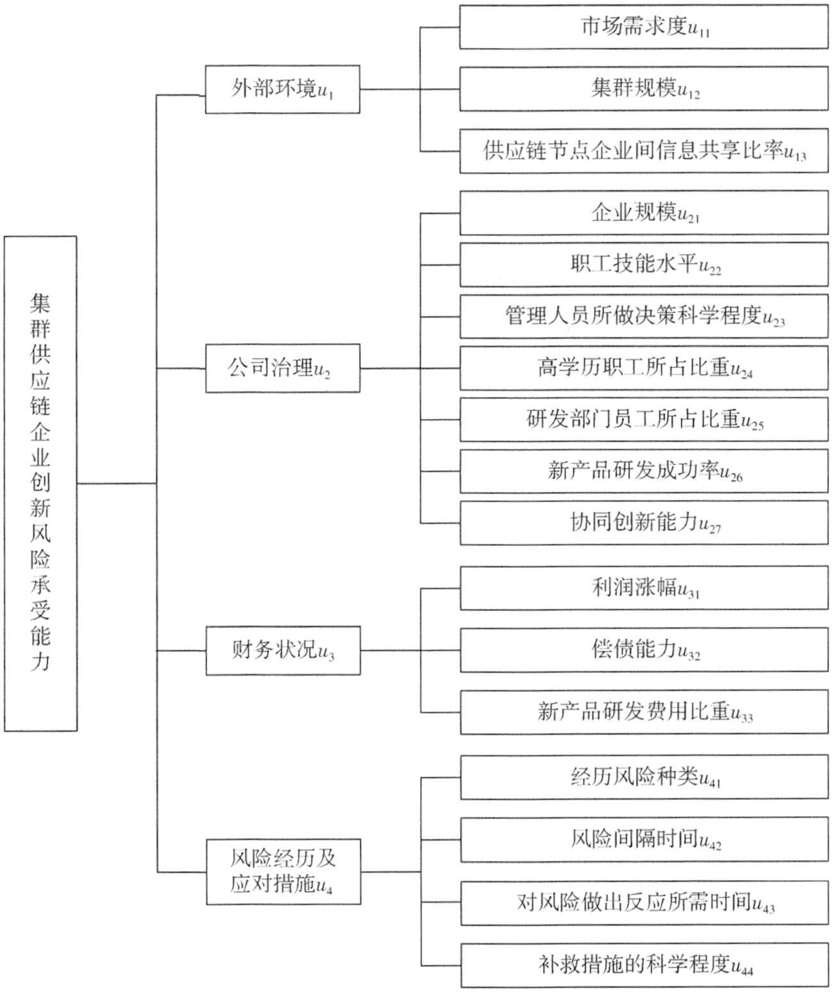

图 4-3　优化后的评价指标体系

4.3.3　企业创新风险承受能力度量

4.3.3.1　确定评价标准

在 4.2 节中提到 U 为被评价对象的评价指标，$U=\{u_1,u_2,\cdots,u_m\}$；V 为被评价对象所处的状态，$V=\{v_1,v_2,\cdots,v_m\}$，m 为评价指标的个数，由具体指标体系决定，对于该企业的创新风险承受能力评价指标体系来讲，评价指标为 21 个，但经以上相关系数法进行筛选后，有效指标为 17 个，也就是 $m=17$；n 为评语等级的个数，评价指标体系一般划分为 3～5 个等级，本研究评价指标体系的等级划分为 5 个等级，也就是 $n=5$。

4.3.3.2 构造评判矩阵

首先对着眼因素集中的单因素 $u_i(i=1,2,\cdots,17)$ 做单因素评判，即对该指标 u_i 进行等级评定，这里的等级指的就是 $v_j(j=1,2,\cdots,5)$，从因素 u_i 着眼该事物对评语等级 $v_j(j=1,2,\cdots,5)$ 的隶属度为 r_{ij}，在本研究中隶属度的实际意义是认为第 i 个因素处于第 j 个评语等级上的评价人员个数。这时经过数据汇总，可以得到第 i 个因素 u_i 的单因素评判集合：

$$r_i=(r_{i1},r_{i2},\cdots,r_{in})$$

4.3.3.3 建立权重集

设第 i 类因素中第 j 个元素的权重为 a_{ij}，则因素的权重向量为 $\boldsymbol{A}=(a_{i1},a_{i2},\cdots,a_{im})$，在本研究中，这里的权重值指的是各指标的综合权重。指标的权重确定是本研究评价指标体系的核心，权重能否客观、准确地反映指标从根本上影响整个评价过程的准确性，并且在指标确定的过程中，单个指标权重值的改变都有可能会改变整个评价指标体系，造成连锁反应。所以，选择合适的赋权方法是非常有必要的，本研究选择层次分析法确定指标的主观权重，借助熵值法确定各指标的客观信息效用值，通过层次分析法与熵值法结合的方式求得各指标的综合权重值。

（1）主观赋权

用层次分析法获取指标权重要通过判断矩阵的构造、权重计算、判断矩阵的一致性检验三大步骤。

①判断矩阵的构造。前面提到所谓判断矩阵就是对各指标两两重要性的

评分汇总矩阵，该企业创新风险承受能力评价指标体系的判断矩阵如下所示：

a. 四个一级指标（即外部环境、公司治理、财务状况、风险经历及应对措施）形成的判断矩阵为：

$$\begin{bmatrix} 1 & 1 & 1/3 & 1/5 \\ 1 & 1 & 1/3 & 1/3 \\ 3 & 3 & 1 & 3 \\ 5 & 3 & 1/3 & 1 \end{bmatrix}$$

b. 在外部环境因素下，三个二级指标（即市场需求度、集群规模与供应链节点间信息共享比率）形成的判断矩阵为：

$$\begin{bmatrix} 1 & 5 & 3 \\ 1/5 & 1 & 1/3 \\ 1/3 & 3 & 1 \end{bmatrix}$$

c. 在公司治理因素下，七个二级指标（即企业规模、职工技能水平、管理人员所做决策科学程度、高学历职工所占比重、研发部门员工所占比重、新产品研发成功率与协同创新能力）形成的判断矩阵为：

$$\begin{bmatrix} 1 & 1 & 1/3 & 3 & 1 & 1 & 1/7 \\ 1 & 1 & 1 & 3 & 1/3 & 1/3 & 3 \\ 3 & 1 & 1 & 5 & 3 & 3 & 1 \\ 1/3 & 1/3 & 1/5 & 1 & 1 & 1/3 & 1 \\ 1 & 3 & 1/3 & 1 & 1 & 1/3 & 1/3 \\ 1 & 3 & 1/3 & 3 & 3 & 1 & 1/3 \\ 7 & 1/3 & 1 & 1 & 3 & 3 & 1 \end{bmatrix}$$

d. 在财务状况因素下，三个二级指标（即利润涨幅、偿债能力与新产品研发费用比重）形成的判断矩阵为：

$$\begin{bmatrix} 1 & 1/3 & 1/3 \\ 3 & 1 & 1 \\ 3 & 1 & 1 \end{bmatrix}$$

e. 在风险经历及应对措施因素下，四个二级指标（即经历风险种类、风险间隔时间、对风险做出反应所需时间与补救措施的科学程度）形成的判断矩阵为：

$$\begin{bmatrix} 1 & 1 & 1 & 1/3 \\ 1 & 1 & 1 & 1/3 \\ 1 & 1 & 1 & 1/3 \\ 3 & 3 & 3 & 1 \end{bmatrix}$$

②权重计算。经过对各个判断矩阵特征向量的计算，可以得知每个指标相对于上一层而言所占本层次的比重，见表 4-9。

表 4-9 各指标的比重值

指标	u_1	u_2	u_3	u_4	u_{11}	u_{12}	u_{13}
比重	0. 105	0. 119	0. 470	0. 308	0. 637	0. 105	0. 258
指标	u_{21}	u_{22}	u_{23}	u_{24}	u_{25}	u_{26}	u_{27}
比重	0. 106	0. 140	0. 242	0. 081	0. 102	0. 164	0. 164
指标	u_{31}	u_{32}	u_{33}	u_{41}	u_{42}	u_{43}	u_{44}
比重	0. 143	0. 429	0. 429	0. 167	0. 167	0. 167	0. 500

而具体的指标权重为单个指标在本层所占比重与上层在该层所占比重的乘积。举例说明，指标 u_{11} 的权重为 u_{11} 在 u_1 中三个二级指标内的比重与上层指标 u_1 在四个一级指标中比重的乘积，也就是指标 u_{11} 的权重值为 0. 637×0. 105=0. 067，以此类推可以得到 17 个指标的主观权重值，见表 4-10。

表 4-10　各指标的权重值

指标	u_{11}	u_{12}	u_{13}	u_{21}	u_{22}	u_{23}	u_{24}	u_{25}	u_{26}
权重值	0.067	0.011	0.027	0.013	0.017	0.029	0.010	0.012	0.020
指标	u_{27}	u_{31}	u_{32}	u_{33}	u_{41}	u_{42}	u_{43}	u_{44}	
权重值	0.020	0.067	0.202	0.202	0.051	0.051	0.051	0.154	

③判断矩阵的一致性检验。矩阵的一致性与特征值有关，引入新变量 $CI=\frac{\lambda_{\max}-n}{n-1}$，即判断矩阵的一致性指标值，$CI$ 值越大，表明判断矩阵偏离完全一致性的程度越大；CI 值越小（接近于 0），表明判断矩阵的一致性程度越大。但由于判断矩阵的阶数不同，人们进行主观判断的误差也不同，因此需要借助 $CR=\frac{CI}{RI}$作为最终评判的依据，其中 RI 值为同阶平均一致性指标值，CR 值为矩阵的一致性指标值与同阶平均一致性指标值之比，即随机一致性比率。经计算，本评价指标体系各判断矩阵的 CI 值与 CR 值见表 4-11。

表 4-11　各判断矩阵的 CI 值与 CR 值

	矩阵 1	矩阵 2	矩阵 3	矩阵 4	矩阵 5
CI	0.0868	0.0193	0.1136	0	0
CR	0.0965	0.0322	0.0861	0	0

经与 0.1 比较，以上 CR 值符合标准，即矩阵 4 与矩阵 5 均为完全一致性矩阵，矩阵 1、矩阵 2 与矩阵 3 均为满意一致性矩阵。说明上一步骤所得指标权重值均为有效权重值，即各指标的主观权重值。

（2）客观信息效用值

本研究通过熵值法确定各指标的客观信息效用值，此过程主要有数据标准化处理、计算指标比重、确定信息熵、计算客观信息效用值四个环节。

①数据标准化处理。即对 17 个指标进行分类，主要分为正向指标与负向指标两类：正向指标指的是指标越向正向发展，所研究企业的创新风险承受能力就越强，负向指标指的是指标越向负向发展，所研究企业的创新风险承受能力就越强。经分析，本研究评价指标体系所涵盖的 17 个指标中，市场需求度、集群规模、供应链节点企业间信息共享比率、企业规模、职工技能水平、管理人员所做决策科学程度、高学历职工所占比重、研发部门员工所占比重、新产品研发成功率、协同创新能力、利润涨幅、偿债能力、新产品研发费用比重、经历风险种类、风险间隔时间与补救措施的科学程度这 16 个评价指标均为正向指标，而负向指标只有对风险做出反应所需时间一项。

正向指标与负向指标在数据标准化处理时采取不同的处理方式：

正向指标的处理：$x'_{ij}=\dfrac{x_{ij}-\min\{x_{ij},\cdots,x_{nj}\}}{\max\{x_{ij},\cdots,x_{nj}\}-\min\{x_{ij},\cdots,x_{nj}\}}$

负向指标的处理：$x'_{ij}=\dfrac{\max\{x_{ij},\cdots,x_{nj}\}-x_{ij}}{\max\{x_{ij},\cdots,x_{nj}\}-\min\{x_{ij},\cdots,x_{nj}\}}$

其中，x_{ij} 代表在 101 份有效问卷中对某一指标进行某一评分的份数，此处的评分划分为五个等级，分别为［0,2］、［3,4］、［5,6］、［7,8］、［9,10］，其中［0,2］为最低等级，表示评为此等级的指标对集群供应链企业的创新风险承受能力的影响极弱，可以忽略不计，相应地，［9,10］为最高等级，表示评为此等级的指标对集群供应链企业的创新风险承受能力影响极强。$\max\{x_{ij},\cdots,x_{nj}\}$ 与 $\min\{x_{ij},\cdots,x_{nj}\}$ 分别表示在 101 份有效问卷中，某一指标的五个等级中占据最多份数与最少份数的等级对应的份数。

假设在 101 份有效问卷中，有 50 名填写者都认为指标 A 对于集群供应链企业的创新风险承受能力的影响程度极强，给出的评分等级为［9,10］；13 名填写者认为指标 A 对于企业创新风险承受能力的影响较强，给出的评分等级为［7,8］；22 名填写者认为指标 A 对于企业创新风险承受能力的影响一般，给出的评分等级为［5,6］；11 名填写者认为指标 A 对于企业创新风险承受能力的影响较弱，给出的评分等级为［3,4］；而有 5 名填写者认为指标 A 对于企业创新风险承受能力的影响极弱，给出的评分等级为［0,2］。在这个例子中，$\max\{x_{ij},\cdots,x_{nj}\}=50$，对应的评分等级为［9,10］，即最高等级；$\min\{x_{ij},\cdots,x_{nj}\}=5$，对应的评分等级为最低等级，也就是［0,2］。

②计算指标比重。计算第 j 项指标下第 i 个样本值占该指标的比重：

$$p_{ij}=\frac{x_{ij}}{\sum_{i=1}^{n}x_{ij}}\quad (i=1,2,\cdots,n;\ j=1,2,\cdots,m)$$

因下一步计算熵值的过程中会出现 $\ln p_{ij}$ 项，故为了 $\ln p_{ij}$ 有存在意义，在此环节各指标的比重值均需要在原基础上加上 0.001，以保证运算正常进行，这里的 n 为评价等级的个数，也就是 5，m 为指标个数，也就是 17。

③确定信息熵。计算第 j 项指标的熵值：$e_j=-k\sum_{i=1}^{n}p_{ij}\ln p_{ij}$，其中，$k=1/\ln n$，$k>0$ 且满足 $e_j>0$，同上述步骤一样，这里的 n 为评价等级的个数，也就是 5。各指标的熵值见表 4-12。

表 4-12　各指标的熵值

指标	u_{11}	u_{12}	u_{13}	u_{21}	u_{22}	u_{23}
熵值	0.654	0.558	0.643	0.578	0.436	0.486
指标	u_{24}	u_{25}	u_{26}	u_{27}	u_{31}	u_{32}
熵值	0.445	0.434	0.281	0.515	0.614	0.433
指标	u_{33}	u_{41}	u_{42}	u_{43}	u_{44}	
熵值	0.535	0.477	0.336	0.861	0.556	

④计算客观信息效用值。第 j 项评价指标的信息效用值为 $d_j=1-e_j$，经计算各指标的客观信息效用值见表 4-13。

表 4-13　各指标的信息效用值

指标	u_{11}	u_{12}	u_{13}	u_{21}	u_{22}	u_{23}
信息效用值	0. 346	0. 442	0. 357	0. 422	0. 564	0. 514
指标	u_{24}	u_{25}	u_{26}	u_{27}	u_{31}	u_{32}
信息效用值	0. 555	0. 566	0. 719	0. 485	0. 386	0. 567
指标	u_{33}	u_{41}	u_{42}	u_{43}	u_{44}	
信息效用值	0. 465	0. 523	0. 664	0. 139	0. 444	

（3）各指标综合权重值的确定

本研究各指标主观权重值通过层次分析法确定，指标客观信息效用值 d_j 通过熵值法确定，各指标的综合权重值通过借助指标客观信息效用值对主观权重加以整合得到，计算公式为 $W'_i=w_id_i$，并对此权重值进行归一化处理，公式为 $W_i=\frac{W'_i}{\sum_{i=1}^{m}W'_i}$，即可得到各指标的最终综合权重值。

各关键指标的综合权重值以及综合评分见表 4-14。

表 4-14　关键指标权重表

风险因素	风险因素指标	综合评分	主观权重值	信息效用值	综合权重值
外部环境	市场需求度	7. 07	0. 067	0. 346	0. 05
	集群规模	6. 35	0. 011	0. 442	0. 01
	供应链节点企业间信息共享比率	7. 53	0. 027	0. 357	0. 02

续表

风险因素	风险因素指标	综合评分	主观权重值	信息效用值	综合权重值
公司治理	企业规模	7.28	0.013	0.422	0.01
	职工技能水平	7.57	0.017	0.564	0.02
	管理人员所做决策科学程度	6.93	0.029	0.514	0.03
	高学历职工所占比重	7.68	0.010	0.555	0.01
	研发部门员工所占比重	5.86	0.012	0.566	0.01
	新产品研发成功率	7.46	0.020	0.719	0.03
	协同创新能力	7.49	0.020	0.485	0.02
财务状况	利润涨幅	8.32	0.067	0.386	0.06
	偿债能力	6.88	0.201	0.567	0.24
	新产品研发费用比重	7.61	0.201	0.465	0.20
风险经历及应对措施	经历风险种类	7.56	0.051	0.523	0.06
	风险间隔时间	7.55	0.051	0.664	0.07
	对风险做出反应所需时间	7.67	0.051	0.139	0.02
	补救措施的科学程度	7.16	0.154	0.444	0.14

4.3.3.4　第一层模糊综合评价

由于表 4-14 中的综合权重值是每一个二级指标对于整个评价指标体系，也就是对于所有二级指标而言的权重值，但要构建的评价矩阵中的权重值是每一个二级指标对于它所属于的一级指标下的权重值，故需要进行进一步数据处理。经计算，各一级指标下的二级指标权重集为：

$$A_1=\{0.62,0.13,0.26\}$$

$$A_2=\{0.08,0.14,0.22,0.08,0.10,0.22,0.15\}$$

$$A_3=\{0.11,0.49,0.40\}$$

$$A_4=\{0.25,0.30,0.11,0.34\}$$

这样，m 个着眼因素的评价集就汇总为一个总的评判矩阵 $\boldsymbol{R}$，即每一个被评价对象都确定了从 U 到 V 的模糊关系矩阵 $\boldsymbol{R}$：

$$R=(r_{ij})_{m\times n}=\begin{bmatrix} r_{11} & r_{12} & \cdots & r_{1n} \\ r_{21} & r_{22} & \cdots & r_{2n} \\ \vdots & \vdots & & \vdots \\ r_{m1} & r_{m2} & \cdots & r_{mn} \end{bmatrix}$$

在本研究中，单因素评价矩阵为：

$$R_1=\begin{bmatrix} 0.02 & 0 & 0.26 & 0.56 & 0.16 \\ 0.36 & 0.50 & 0.09 & 0.03 & 0.03 \\ 0.01 & 0.03 & 0.19 & 0.57 & 0.20 \end{bmatrix}$$

$$R_2=\begin{bmatrix} 0.01 & 0 & 0.12 & 0.64 & 0.23 \\ 0.01 & 0.03 & 0.71 & 0.23 & 0.02 \\ 0.01 & 0.01 & 0.07 & 0.67 & 0.24 \\ 0.02 & 0.05 & 0.66 & 0.25 & 0.02 \\ 0.02 & 0.02 & 0.06 & 0.69 & 0.21 \\ 0.01 & 0.07 & 0.85 & 0.06 & 0.01 \\ 0.01 & 0 & 0.09 & 0.71 & 0.19 \end{bmatrix}$$

$$R_3=\begin{bmatrix} 0.34 & 0.51 & 0.09 & 0.04 & 0.02 \\ 0.01 & 0.22 & 0.06 & 0.75 & 0.16 \\ 0.02 & 0.02 & 0.11 & 0.61 & 0.24 \end{bmatrix}$$

$$R_4=\begin{bmatrix} 0.01 & 0.06 & 0.67 & 0.25 & 0.01 \\ 0 & 0.07 & 0.86 & 0.06 & 0.01 \\ 0 & 0.01 & 0.11 & 0.68 & 0.20 \\ 0.01 & 0 & 0.08 & 0.64 & 0.27 \end{bmatrix}$$

根据上一步骤得到的各个指标权重值，对上述四类影响因素进行综合评价。

$$\boldsymbol{B}_1 = A_1\boldsymbol{R}_1 = (0.12, 0.17, 0.18, 0.39, 0.13)^{\mathrm{T}}$$

$$\boldsymbol{B}_2 = A_2\boldsymbol{R}_2 = (0.01, 0.03, 0.39, 0.44, 0.12)^{\mathrm{T}}$$

$$\boldsymbol{B}_3 = A_3\boldsymbol{R}_3 = (0.08, 4.56, 0.08, 0.55, 0.16)^{\mathrm{T}}$$

$$\boldsymbol{B}_4 = A_4\boldsymbol{R}_4 = (0.01, 0.04, 0.46, 0.37, 0.12)^{\mathrm{T}}$$

4.3.3.5　第二层模糊综合评价

对上一步骤得到的评价结果进行总结，得到评价矩阵 $\boldsymbol{R}$ 如下：

$$\boldsymbol{R} = \begin{bmatrix} 0.12 & 0.17 & 0.18 & 0.39 & 0.13 \\ 0.01 & 0.03 & 0.39 & 0.44 & 0.12 \\ 0.08 & 4.56 & 0.08 & 0.55 & 0.16 \\ 0.01 & 0.04 & 0.46 & 0.37 & 0.12 \end{bmatrix}$$

在此层，将 $\boldsymbol{R}$ 作为四个一级指标的评价矩阵，由上一步骤可以得到各一级指标权重值为 $A = \{0.14, 0.39, 0.27, 0.26\}$，于是此层的评判模型为：

$$\boldsymbol{B} = A\boldsymbol{R} = \{0.14, 0.39, 0.27, 0.26\} \begin{bmatrix} 0.12 & 0.17 & 0.18 & 0.39 & 0.13 \\ 0.01 & 0.03 & 0.39 & 0.44 & 0.12 \\ 0.08 & 4.56 & 0.08 & 0.55 & 0.16 \\ 0.01 & 0.04 & 0.46 & 0.37 & 0.12 \end{bmatrix}$$

$$= (0.045, 0.076, 0.316, 0.469, 0.138)$$

根据最大隶属度原则，此原则指的是在最后的隶属度矩阵中，综合指标对哪个评价等级的隶属度更高，那么就将其所要评价的目标定为该评价等级。由上式可见，最高隶属度值为 0.469，也就意味着，所研究企业的创新风险承受能力处于第四等级。

4.3.4　结果分析

由以上计算过程得知所研究企业的创新风险承受能力处于第四等级，而等级越高说明企业的创新风险承受能力越强，该企业处于第四等级表示该企业的创新风险承受能力较强，可以承受住较大规模的风险，但如果在进行创新项目合作时出现大型甚至特大型风险，企业很有可能面临损失，需要谨慎小心对待。

通过对外部环境、公司治理、财务状况、风险经历及应对措施这四大因素进行分析可知，外部环境因素占比为0.08，比重最低，说明外部环境因素对这种大型装备制造相关企业的创新风险承受能力影响最低，而财务状况因素占比为0.5，比重最高，可见财务状况因素对企业的创新风险承受能力影响最大，因为创新研发往往需要持续不断的经费投入，如果没有健康良好的财务状况，企业很难承受创新失败带来的风险。因此公司可以从财务状况这个因素着手，采取措施提高自身的创新风险承受能力。

在所研究的个17关键性评价指标中，大部分的指标综合权重值都在0.1以内。综合权重值大于0.1的有三个，分别为偿债能力、新产品研发费用比重和补救措施的科学程度。说明这三项指标对所研究企业的创新风险承受能力影响最大，尤其是偿债能力与新产品研发费用比重。这两项指标所占权重分别为0.24与0.20，均大幅超过其他指标，可见这两项指标对企业创新风险承受能力影响之大。企业应该对这三项指标加强重视，尤其是对企业的偿债能力与新产品研发费用比重这两项指标严加管理。企业可以在提高偿债能力与优化新产品研发费用比重这两方面重点采取措施。综合权重值最小（综合权重值为0.01）的指标有四个，分别为集群规模、企业规模、高学历职工所占比重和研发部门员工所占比重。说明这四项指标对所研究企业的风险承受能力影响虽然存在，但不是决定性影响因素。

在外部环境因素中，“市场需求度”的综合评分为7.07，在此类目下排序第二，其综合权重值为0.05，排序第一，说明在外部环境因素下，企业若想提高自身的创新风险承受能力可以通过提高市场需求度的方式达到，这时就要求企业要对市场有一个准确的把握以及对市场走向有一个准确的预估能力。

在公司治理因素中，“新产品研发成功率”的综合评分为7.46，在此类目下排序第四，而其综合权重值为 0.03，在此类目下排序第一，说明新产品研发成功率水平一般，而且该指标是此类目中对企业创新风险承受能力影响最大的指标。因此在公司治理方面，企业可以通过进一步提高创新研发成功率来提高其创新风险承受能力。

在财务状况影响因素中，“偿债能力”的综合评分为 6.88，在此类目下排序最低，在全部 17 个指标中排序第十五，综合权重值 0.24 在全部 17 个指标中排序第一。可见企业偿债能力较差，但同时该指标又是对企业创新风险承受能力影响最大的指标。因此企业应该对该指标高度重视并采取相应措施提高偿债能力。此外“新产品研发费用比重”的综合评分为 7.61，在此类目下排序第二，在全部 17 个指标中排序第四，综合权重值 0.20 在全部 17 个指标中排序第二。可见新产品研发费用比重结构总体较好，同时该指标也是对企业创新风险承受能力影响较大的指标。

在风险经历及应对措施影响因素中，“补救措施的科学程度”指标的综合评分为 7.16，在此类目中排序最低，但其综合权重值为 0.14，在全部 17 个指标中排序第三。说明在补救措施的科学程度方面企业的应对经验还略显不足，而该指标又是对企业创新风险承受能力影响最大的指标之一。因此企业需要加强在应对风险补救措施方面的科学决策。

综上，所研究企业的创新风险承受能力等级为第四级，即企业的创新风险承受能力较强，可以承受较大规模的创新风险，但若在进行创新项目合作时出现大型甚至超大型的创新风险，企业则可能会遭受较大损失。总体上，对企业创新风险承受能力影响最大的是企业的财务状况。分项来看，企业可以通过提高本身的偿债能力，优化新产品研发费用占比，提高风险应对补救措施的科学程度，提高新产品研发成功率和提高市场需求度等方式来提高企业的创新风险承受能力。

4.3.5 提高创新风险承受能力的对策与建议

创新风险承受能力的评估是在企业进行创新项目合作之前，针对即将开展的创新合作项目中可能会出现的一些风险，企业对自身风险承受能力的评估。或者也可以理解为评估企业自身最多能够承受多大的风险打击而不至于破产的能力。倘若一个企业的创新风险承受能力较差，那么这个企业在进行创新项目合作时一旦遭遇一些突发风险打击，就很有可能会面临巨大的损失甚至就此破产。总体来看，所研究的企业创新风险承受能力较强，但企业在面临大规模甚至超大规模风险时，仍然有可能会承受不住风险的打击，同时会遭受不可估量的损失。通过对本次多层次模糊综合评价的结果进行分析，对该企业提出以下措施帮助其提高创新风险承受能力。

（1）宏观方面，相对于外部环境、公司治理、风险经历及应对措施这三个因素，财务状况因素对于所评价企业的创新风险承受能力影响最大。企业的创新研发通常需要持续不断的资金投入，因此良好的财务状况是研发资金投入的有力保障。如果财务状况欠佳不能保证资金持续投入，则可能致使研发停滞甚至导致研发项目前功尽弃。所以企业应该采取一系列措施优化自身财务状况，包括增加货币资金占比、增加经营性现金流、减少有息负债等。此外，其他的三类影响因素也并非可以忽略，从前面的计算结果可知公司可以按照财务状况、风险经历及应对措施、公司治理、外部环境的先后顺序，依次强化管理和加大投入比重，从而科学有效地提高自身的创新风险承受能力。

（2）具体来说，可以通过对重点指标能力的加强来提高企业创新风险承受能力。由前文分析结果可知，企业偿债能力对创新风险承受能力的影响最大，而且该企业在偿债能力方面也具有较大的提升空间。因此，企业可以通过适当增加股权类融资比例、增加货币资金占比、优化资本结构等方式提高偿债能力，并继续保持和持续优化新产品研发费用比重。此外，应该加强风险应对补救措施的科学决策程度，可以通过制定风险预案和风险应对决策机制等方式提高补救措施的科学程度。

4.4　本章结论

本章提出了一套对集群供应链企业创新风险承受能力进行评价和度量的方法体系。该方法首先在前人研究的基础上，构建了创新风险承受能力评价指标体系。在指标体系构建过程中充分考虑创新风险的特点以及集群供应链大环境对链上企业的影响，从外部环境、公司治理、财务状况、风险经历及应对措施这几个方面进行影响因素的识别和评价指标的选择，并通过相关系数法对指标进行筛选，从而得到了由 17 个评价指标构成的创新风险承受能力评价指标体系。之后在此基础上，采用多层次模糊综合评价法对企业的创新风险承受能力进行评价。并利用主客观组合赋权的方法确定指标权重，建立了基于组合赋权的模糊综合评价模型。该评价模型可以较为科学地度量集群供应链企业创新风险承受能力的综合水平，并能归类得出提高企业创新风险承受能力的影响因素，以及对企业创新风险承受能力产生负面影响的因素。最后，采用该方法体系对大连市旅顺口区轨道交通装备制造业集群供应链中某核心企业进行了应用研究。对该企业的创新风险承受能力进行了度量，并给出了提高该企业创新风险承受能力的对策与建议。

第 5 章
基于相对风险分担的收益分配机制研究

5.1 集群供应链企业协同创新模型

5.1.1 集群供应链结构与协同创新机理

5.1.1.1 集群供应链网络关系结构分析

集群供应链的网络关系结构，不同于传统意义上的供应链网络结构。在集群供应链网络中往往存在着多个核心企业，每个核心企业都存在着多个同等实力的竞争者或者潜在的竞争者，打破了单链式供应链只有一个核心企业的网络结构。集群供应链内所包含的各种单链式供应链之间相互协调和协作，实现了对供应链横向一体化的管理。集群供应链网络侧重于集群中纵横相互交织、相互关联的行业之间的本地网络，并且不同于供应链网络明显的节点企业纵向一体化的特征，集群供应链网络兼具纵向、横向一体化，有着明显的网络化与专业化的特征。集群供应链内每一条单链式供应链都不是独立存在的，链与链间相互交叉相互链接，这些相互交叉的众多单链式供应链构成了集群供应链复杂的网络系统。

一个相对完整的集群供应链网络结构体系包括多个核心企业，这些核心企业往往为大型制造商，还包含许多围绕在核心企业周围的中小型配套企业，以及起着支持作用的科研机构、政府等组织机构，这些企业和组织机构的具体关系如图 5-1 所示。

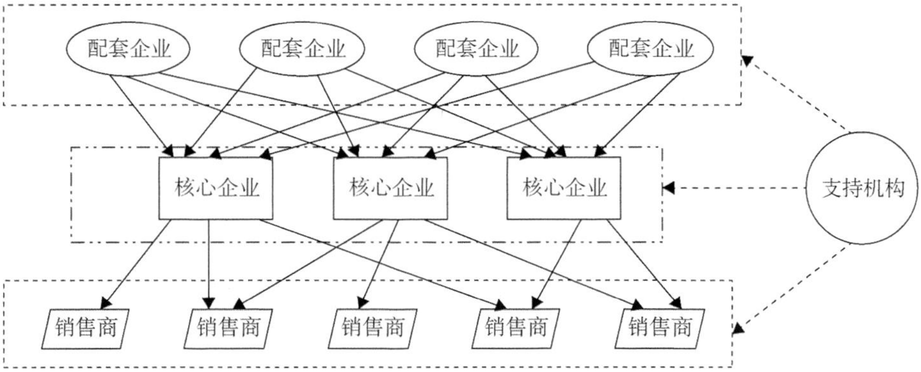

图 5-1　集群供应链网络关系结构

由图 5-1 可以看出，在集群供应链网络结构中，有多个核心企业，每个核心企业之间可能是竞争或者互补的关系。而在这些核心企业的上游，存在着许多中小型企业，这些企业可能会为核心企业提供原材料，也可能为核心企业提供零部件以及服务。可以发现，上游的中小型企业为了分散风险，追求最优收益，往往与下游多个核心企业具有贸易往来关系，这种现象普遍存在于集群供应链网络关系当中。另外，在企业相互的贸易关系之外，集群供应链网络结构内有科研机构、政府等在供应链之外为企业提供技术支持和政策支持等服务，来保证集群供应链网络正常运行，这些组织机构对于集群供应链网络而言也是不可或缺的。本书的研究就是在这样的集群供应链网络关系结构下进行的。

5. 1. 1. 2　协同创新机理及风险分析

集群供应链协同创新的各主体以共同研发的模式构建协同创新机制，进而进行技术的研发，共享收益，共担风险，为了共同的目标发挥各自的作用。本书选取的研究对象为集群供应链内企业之间的协同创新，具体而言是集群供应链内某一核心企业与某一配套企业之间的协同创新，属于集群供应链协同创新的形式之一。两企业间协同创新以共同研发的模式进行，企业双方均进行资金、设备、知识、技术和人员等方面的投入，相互协作，共同推进创新成果的研发，提高整体的抗风险能力，同时增加整体以及企业双方的收益。

然而，创新本身就是一项高风险的活动，协同创新过程中也必然存在着各种风险，而风险对协同创新的影响是不容忽视的。所以，企业双方不论在分担投入，还是在分配收益，或是在协同创新过程中的其他进程中，都需要考虑到协同创新风险的影响。集群供应链协同创新风险可以从内因和外因两个角度进行分析。内部影响因素即为企业自身对于协同创新过程的影响，包括企业自身的管理能力、与协同创新相对应的技术创新能力、企业在行业内的声誉、对信息的处理能力以及企业本身所具备的资源水平、研发人员的技术水平等。外部影响因素可以从两方面来分析：一是政府政策的变化或者经济大环境的变化给协同创新项目带来的风险；二是对集群供应链网络整体而言，集群供应链系统是处于上升期还是衰退期、在行业中所处的位置如何、企业之间是否能够有效合作、创新主体能否合理分配收益等，这些因素都会影响协同创新的进行，甚至决定着协同创新成功的概率。因此，在协同创新过程中，势必要考虑到不同类型的风险对协同创新各个方面产生的影响，进而对协同创新的项目风险进行评价，这样就能够把控协同创新项目的风险，为协同创新提供重要保障。

5.1.2 企业协同创新模型构建

5.1.2.1 问题描述及参数假设

一般而言，集群供应链内核心企业往往存在多家配套企业为其提供零部件。为了方便研究，本书针对集群供应链中核心企业与配套企业的收益分配问题，选取集群供应链中的一个配套企业和一个核心企业作为研究对象。如图 5-2 所示，其中核心企业为制造商，配套企业为核心企业上游的供应商，为核心企业提供零部件。且配套企业只为核心企业提供一种零部件。

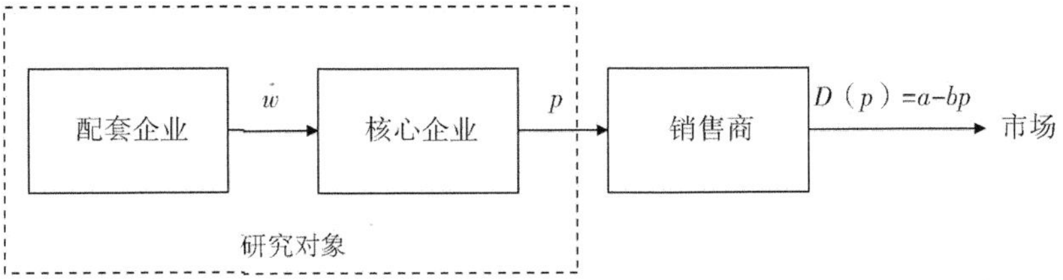

图 5-2　研究对象结构示意图

对模型所需参数及条件做出如下说明和假设：

（1）配套企业为核心企业提供零部件的批发价格为 w，且零部件的生产成本为 e_1。

（2）除该配套企业提供的零部件外，核心企业产成品的其他成本为 e_2。

（3）核心企业在配套企业的批发价格以及其他成本的基础上可获得净收益 m，销售的市场价格为 p，则 $p=w+e_2+m$。

（4）核心企业的需求函数满足线性关系 $D(p)=a-bp$，其中 $a>0$，$b>0$，且核心企业的销售量与配套企业的供货量相等，同时等于市场需求量。

（5）在博弈过程中，核心企业为主导方，配套企业为跟随方。

（6）配套企业与核心企业在完全信息条件下进行决策，且决策双方均为风险中性。

（7）用 π 表示收益，用 $\Delta\pi$ 表示协同创新带来的总收益的增加量；以上标（0）表示两企业未创新时的情况，以上标（1）表示两企业协同创新时的情况，以上标 * 表示优化后两企业协同创新的最终结果，以上标 s 表示两企业协同创新但未引入收益分配机制时的情况。

另外，需要强调的是，在进行斯坦伯格博弈时，核心企业为主导方，配套企业为跟随方。核心企业首先决策，决策变量为核心企业的边际收益 m，配套企业随后决策，决策变量是配套企业为核心企业提供的零部件的批发价格 w。

在激烈的市场竞争环境下，产品必须不断地更新才能满足快速变化的消费者需求。为了提高产品的质量和性能，配套企业和核心企业想通过对零部件进行技术创新来更新或升级产品。假设技术创新引起的产品质量及性能的提高不会使产品边际成本产生变化。如果该技术创新研发项目取得成功，那么产品质量与性能的提高与升级会导致最终市场需求量的提高，从而引起需求函数产生变化。参考文献［37］中关于需求函数内参数的设置，将该变化通过因子 θ 来表示，$\theta>0$，其含义是产品技术工艺的创新会使产品的质量或者性能等方面有所提高，进而刺激市场需求，导致市场需求的增加。所以，将技术创新后的需求函数表示为 $D(p)=a-bp+\theta$。

此外，由于技术创新以协同创新的形式进行，研发双方需共同承担研发投入。因为投入与产出之间存在边际效益递减效应，因此借鉴参考文献［37］提出的投入函数，假设该研发项目总投入为 $I=\frac{1}{2}\theta^2$，配套企业承担的投入 c_1 占总投入的份额为 λ（$0<\lambda<1$），即 $c_1=\lambda I=\frac{1}{2}\lambda\theta^2$，则核心企业承担的投入 c_2 占总投入的份额为 $1-\lambda$，即 $c_2=(1-\lambda)I=\frac{1}{2}(1-\lambda)\theta^2$。

5.1.2.2 未创新模型

当企业未进行技术创新时，配套企业收益 π_1 和核心企业收益 π_2 分别为：

$$\pi_1=(w-e_1)(a-bp)=(w-e_1)[a-b(w+e_2+m)] \tag{5-1}$$

$$\pi_2=m(a-bp)=m[a-b(w+e_2+m)] \tag{5-2}$$

对企业双方而言，在未创新时，两企业的定价策略是在最大化各自收益的基础上做出的决策。由于供应链内的核心企业在规模、资源及技术等方面比较强，而配套企业在规模、技术等方面比较弱，故核心企业在供应链内处于优势地位，所以在决策过程中核心企业占据主导位置。因此，以下研究是以核心企业为主导的斯坦伯格博弈的情况，该博弈过程分为以下两个阶段进行：

第一阶段，核心企业选择通过边际收益 m 来优化自身收益 π_2，即令 $\frac{\partial \pi_2}{\partial m}=0$，可以求得当自身收益 π_2 达到最优时的边际收益 m 的值。

第二阶段，配套企业选择通过零部件的批发价格 w 来优化自身收益 π_1，即令 $\frac{\partial \pi_1}{\partial w}=0$，可以求得当自身收益 π_1 达到最优时的零部件的批发价格 w 的值。

采用逆向归纳法进行求解。首先，确定配套企业的反应函数，令 $\frac{\partial \pi_1}{\partial w}=0$，即 $a+b(e_1-e_2-m)-2bm=0$，可解得：

$$w=\frac{1}{2b}[a+b(e_1-e_2-m)] \tag{5-3}$$

其次，将式（5-3）代入式（5-2）中，可以得到核心企业的收益函数为：

$$\pi_2=\frac{1}{2}m[a-b(e_1+e_2+m)] \tag{5-4}$$

最后，按照上述两个阶段进行斯坦伯格博弈，求解后得到企业双方的定价策略为：

$$w^{(0)}=\frac{1}{4b}(a+3be_1-be_2) \tag{5-5}$$

$$m^{(0)}=\frac{1}{2b}(a-be_1-be_2) \tag{5-6}$$

为了简化公式表达，令 $c=e_1+e_2$。当企业双方采取该定价策略时，配套企业和核心企业各自的收益才会达到最大化，将式（5-5）、式（5-6）代入式（5-1）、式（5-2）中，可以得到配套企业和核心企业的最优收益 $\pi_1^{(0)}$ 和 $\pi_2^{(0)}$ 分别为：

$$\pi_1^{(0)}=\frac{1}{16b}(a-bc)^2 \tag{5-7}$$

$$\pi_2^{(0)}=\frac{1}{8b}(a-bc)^2 \tag{5-8}$$

5.1.2.3 协同创新模型

在不考虑创新风险的情况下，企业双方进行协同创新，即配套企业和核心企业共同进行零部件的技术创新时，配套企业收益 π'_1 和核心企业收益 π'_2 分别为：

$$\pi'_1=(w-e_1)(a-bp+\theta)-\frac{1}{2}\lambda\theta^2=(w-e_1)[a-b(w+e_2+m)+\theta]-\frac{1}{2}\lambda\theta^2 \tag{5-9}$$

$$\pi'_2=m(a-bp+\theta)-\frac{1}{2}(1-\lambda)\theta^2=m[a-b(w+e_2+m)+\theta]-\frac{1}{2}(1-\lambda)\theta^2 \tag{5-10}$$

由于协同创新的目的是使供应链上总收益达到最大，因此两企业的定价策略是在共同利益最大化的基础上，首先共同决定最优的投入，再通过斯坦伯格博弈来决定定价策略。斯坦伯格博弈过程由核心企业主导，并且按照以下两个阶段进行：

第一阶段，核心企业选择通过边际收益 m 来优化自身收益 π'_2，即令 $\frac{\partial\pi'_2}{\partial m}=0$，可以求得当自身收益 π'_2 达到最优时的边际收益 m 的值。

第二阶段，配套企业选择通过零部件的批发价格 w 来优化自身收益 π'_1，即令 $\frac{\partial\pi'_1}{\partial w}=0$，可以求得当自身收益 π'_1 达到最优时的零部件的批发价格 w 的值。

采用逆向归纳法进行求解。首先，确定配套企业的反应函数，令 $\frac{\partial\pi'_1}{\partial w}=0$，即 $a-b(w+e_2+m)+\theta-b(w-e_1)=0$，可解得：

$$w=\frac{1}{2b}[a+b(e_1-e_2-m)+\theta] \tag{5-11}$$

其次，将式（5-11）代入式（5-10）中，可以得到核心企业的收益函数为：

$$\pi'_2=\frac{1}{2}m[a-b(e_1+e_2+m)+\theta]-\frac{1}{2}(1-\lambda)\theta^2 \tag{5-12}$$

最后，按照上述两个阶段进行斯坦伯格博弈，求解后得到企业双方的定价策略为：

$$w^{(1)}=\frac{1}{4b}(a+3be_1-be_2+\theta) \tag{5-13}$$

$$m^{(1)}=\frac{1}{2b}(a-be_1-be_2+\theta) \tag{5-14}$$

将式（5-13）、式（5-14）代入式（5-9）、式（5-10）中，可以得到配套企业与核心企业的均衡收益分别为：

$$\pi_1^{(1)}=\frac{1}{16b}(a-bc+\theta)^2-\frac{1}{2}\lambda\theta^2 \tag{5-15}$$

$$\pi_2^{(1)}=\frac{1}{8b}(a-bc+\theta)^2-\frac{1}{2}(1-\lambda)\theta^2 \tag{5-16}$$

因此两企业协同创新后的总收益为$\pi_1^{(1)}+\pi_2^{(1)}$。由 5.1.2.2 小节可知，企业在未进行协同创新时的总收益为$\pi_1^{(0)}+\pi_2^{(0)}$，故协同创新给企业双方带来的总收益的增加量 $\Delta\pi$ 为：

$$\Delta\pi=(\pi_1^{(1)}+\pi_2^{(1)})-(\pi_1^{(0)}+\pi_2^{(0)})=\frac{3-8b}{16b}\theta^2+\frac{3(a-bc)}{8b}\theta \tag{5-17}$$

可见 $\Delta\pi$ 是关于 θ 的函数，下面对 $\Delta\pi$ 及 θ 的取值情况进行讨论。

（1）当 $b>\frac{3}{8}$时，此时 $\Delta\pi$ 是关于 θ 的开口向下的抛物线，$\Delta\pi$ 在$\frac{\partial\Delta\pi}{\partial\theta}=0$ 处取到最大值。最大值处 $\theta^*=\frac{3(a-bc)}{8b-3}$，$\Delta\pi^*=\frac{9(a-bc)^2}{16b(8b-3)}$。由模型假设可知，$D(p)=a-bp>0$，又因为 $p>c$，因此有 $a-bc>0$。又由于 $b>\frac{3}{8}$，所以有 $\theta^*>0$，$\Delta\pi^*>0$。

（2）当 $b=\frac{3}{8}$时，此时 $\Delta\pi=(a-bc)\theta$。由于 $a-bc>0$，所以此时 $\Delta\pi$ 随着 θ 的增大呈线性的单调递增趋势，理论上不存在最大值。

(3) 当 $b<\frac{3}{8}$ 时，此时 $\Delta\pi$ 是关于 θ 的开口向上的抛物线。该抛物线经过 (0,0) 点，且关于 $\theta=\frac{3(a-bc)}{8b-3}$ 轴对称。由于 $b<\frac{3}{8}$ 且 $a-bc>0$，所以 $\theta=\frac{3(a-bc)}{8b-3}<0$，因此该抛物线在 $(0,+\infty)$ 区间内单调递增。又因为 $\theta>0$，所以 $\Delta\pi$ 随着 θ 的增大单调递增，理论上同样不存在最大值。

通过以上讨论得知：当 $b>\frac{3}{8}$ 时，如果需求增加量 $\theta=\theta^*$，则核心企业与配套企业双方通过协同创新可以得到一个最大的总收益增加量 $\Delta\pi^*$。而需求增加量 θ 实际是由双方协同创新的总投入决定的，即 $I=\frac{1}{2}\theta^2$，因此只有当总投入达到最优，即 $I^*=\frac{1}{2}\theta^{*2}$ 时才有 $\Delta\pi=\Delta\pi^*$。而当 $b\leqslant\frac{3}{8}$ 时，$\Delta\pi$ 随着 θ 的增大单调递增，理论上不存在最大的 $\Delta\pi$ 值。但实际上 θ 也不可能无限制地增大下去。因为 θ 是由双方协同创新的总投入 I 决定的，I 不可能无限制地增大，所以 θ 也不可能无限制地增大。实际上双方企业一定会在考虑各方面因素的基础上确定一个最优的投入量 I，这样便可以得到一个最优的 θ 和对应的 $\Delta\pi$。在不影响后续论证的前提下，为了方便起见，将以上这两种情况中最优的 I、θ 和 $\Delta\pi$ 统一用 I^*、θ^* 和 $\Delta\pi^*$ 来表示，且 $\Delta\pi^*=\frac{3-8b}{16b}\theta^{*2}+\frac{3(a-bc)}{8b}\theta^*$，$I^*=\frac{1}{2}\theta^{*2}$。

所以双方企业进行协同创新时，配套企业与核心企业的最优定价策略和最优收益分别如下：

$$w^*=\frac{1}{4b}(a+3be_1-be_2+\theta^*) \tag{5-18}$$

$$m^*=\frac{1}{2b}(a-be_1-be_2+\theta^*) \tag{5-19}$$

$$\pi_1^* = \frac{1}{16b}(a-bc+\theta^*)^2 - \frac{1}{2}\lambda\theta^{*2} \tag{5-20}$$

$$\pi_2^* = \frac{1}{8b}(a-bc+\theta^*)^2 - \frac{1}{2}(1-\lambda)\theta^{*2} \tag{5-21}$$

在以上结果中，并未考虑创新风险，但是协同创新必然存在风险，且创新风险要由两企业共同承担。在本书第 3 章中研究了集群供应链企业协同创新的风险度量方法体系。通过该方法体系可以对集群供应链中企业协同创新的风险进行度量，由风险度量结果可以得出协同创新项目的成功率。因此这里假设协同创新的成功率为 P，失败率为 $1-P$，其中 $0 \leqslant P \leqslant 1$，并通过该参数来体现协同创新项目本身的风险。考虑到协同创新过程中存在的各种风险以及存在创新失败的可能，对上述基于斯坦伯格博弈的模型进行改进，加入创新风险因素，进而可以得到在考虑创新风险的情况下，配套企业与核心企业的期望收益 π_1^s 和 π_2^s 分别如下（上标 s 表示无收益分配机制时的结果）：

$$\pi_1^s = \pi_1^* P + (\pi_1^{(0)} - c_1)(1-P) \tag{5-22}$$

$$\pi_2^s = \pi_2^* P + (\pi_2^{(0)} - c_2)(1-P) \tag{5-23}$$

通过以上对未进行协同创新和进行协同创新两种情况的模型分析，得到了两种情况下配套企业与核心企业的收益，即未进行协同创新时的 $\pi_1^{(0)}$ 和 $\pi_2^{(0)}$，以及进行协同创新时的 π_1^s 和 π_2^s。因为只有当进行协同创新比不进行协同创新可以获得更多收益时，企业才会有参与协同创新的意愿。所以下面对配套企业与核心企业在这两种情况下的收益进行比较，从而得出两企业愿意参与协同创新的条件。

命题 5.1　就配套企业而言，当 $0 \leqslant \lambda \leqslant \dfrac{2(\pi_1^* - \pi_1^{(0)})P}{\theta^{*2}(1-P)}$ 时，$\pi_1^s \geqslant \pi_1^{(0)}$；当 $\dfrac{2(\pi_1^* - \pi_1^{(0)})P}{\theta^{*2}(1-P)} < \lambda \leqslant 1$ 时，$\pi_1^s < \pi_1^{(0)}$。就核心企业而言，当 $\dfrac{2(\pi_2^* - \pi_2^{(0)})P}{\theta^{*2}(1-P)} \leqslant \lambda$

$\leqslant 1$ 时，$\pi_2^s \geqslant \pi_2^{(0)}$；当 $0 \leqslant \lambda < \frac{2(\pi_2^* - \pi_2^{(0)})P}{\theta^{*2}(1-P)}$ 时，$\pi_2^s < \pi_2^{(0)}$。

证明：(1) 对配套企业而言，当 $\pi_1^s \geqslant \pi_1^{(0)}$ 时，配套企业才有参与协同创新的意愿。将式 (5-22) 代入，有：

$$\pi_1^* P + (\pi_1^{(0)} - c_1)(1-P) \geqslant \pi_1^{(0)} \tag{5-24}$$

化简可得：

$$c_1 \leqslant \frac{(\pi_1^* - \pi_1^{(0)})P}{1-P} \tag{5-25}$$

因为 $c_1 = \frac{1}{2}\lambda\theta^{*2}$，所以有：

$$\lambda \leqslant \frac{2(\pi_1^* - \pi_1^{(0)})P}{\theta^{*2}(1-P)} \tag{5-26}$$

反之，当 $\pi_1^s < \pi_1^{(0)}$ 时，配套企业一定会拒绝参与协同创新。将式 (5-22) 代入，有：

$$\pi_1^* P + (\pi_1^{(0)} - c_1)(1-P) < \pi_1^{(0)} \tag{5-27}$$

化简可得：

$$c_1 > \frac{(\pi_1^* - \pi_1^{(0)})P}{1-P} \tag{5-28}$$

因为 $c_1 = \frac{1}{2}\lambda\theta^{*2}$，所以有：

$$\lambda > \frac{2(\pi_1^* - \pi_1^{(0)})P}{\theta^{*2}(1-P)} \tag{5-29}$$

(2) 对核心企业而言，当 $\pi_2^s \geqslant \pi_2^{(0)}$ 时，核心企业才有参与协同创新的意愿。将式 (5-23) 代入，有：

$$\pi_2^* P + (\pi_2^{(0)} - c_2)(1-P) \geqslant \pi_2^{(0)} \tag{5-30}$$

化简可得：

$$c_2 \leqslant \frac{(\pi_2^* - \pi_2^{(0)})P}{1-P} \tag{5-31}$$

因为 $c_2 = \frac{1}{2}(1-\lambda)\theta^{*2}$，所以有：

$$\lambda \geqslant 1 - \frac{2(\pi_2^* - \pi_2^{(0)})P}{\theta^{*2}(1-P)} \tag{5-32}$$

反之，当 $\pi_2^s < \pi_2^{(0)}$ 时，核心企业一定会拒绝参与协同创新。将式（5-23）代入可知：

$$\pi_2^* P + (\pi_2^{(0)} - c_2)(1-P) < \pi_2^{(0)} \tag{5-33}$$

化简可得：

$$c_2 > \frac{(\pi_2^* - \pi_2^{(0)})P}{1-P} \tag{5-34}$$

因为 $c_2 = \frac{1}{2}(1-\lambda)\theta^{*2}$，所以有：

$$\lambda < 1 - \frac{2(\pi_2^* - \pi_2^{(0)})P}{\theta^{*2}(1-P)} \tag{5-35}$$

结合以上证明及 λ 的取值范围 $0<\lambda<1$ 有：就配套企业而言，当 $0 \leqslant \lambda \leqslant \frac{2(\pi_1^* - \pi_1^{(0)})P}{\theta^{*2}(1-P)}$ 时，$\pi_1^s \geqslant \pi_1^{(0)}$；当 $\frac{2(\pi_1^* - \pi_1^{(0)})P}{\theta^{*2}(1-P)} < \lambda \leqslant 1$ 时，$\pi_1^s < \pi_1^{(0)}$。就核心企业而言，当 $\frac{2(\pi_2^* - \pi_2^{(0)})P}{\theta^{*2}(1-P)} \leqslant \lambda \leqslant 1$ 时，$\pi_2^s \geqslant \pi_2^{(0)}$；当 $0 \leqslant \lambda < \frac{2(\pi_2^* - \pi_2^{(0)})P}{\theta^{*2}(1-P)}$ 时，$\pi_2^s < \pi_2^{(0)}$。证毕。

命题 5.1 表明企业双方只有在自身投入占总投入的比例较小时，协同创新才能使双方各自的收益与未创新时的收益相比有所增加。配套企业希望自身投入少于 $\frac{2(\pi_1^* - \pi_1^{(0)})P}{\theta^{*2}(1-P)}$，核心企业希望自身投入少于 $1 - \frac{2(\pi_2^* - \pi_2^{(0)})P}{\theta^{*2}(1-P)}$，这表明两企业在协同创新过程中都希望对方增加投入，而自身投入少一些，导致两企业均抱着“搭便车”的心理，严重影响配套企业与核心企业的积极性，不利于协同创新顺利进行。因此，在未引入收益分配机制的情况下，企业双方各自的收益情况会打击双方企业参与协同创新的积极性。所以，为了保证协同创新顺利进行，避免由不公平的收益分配方式导致的协同创新关系的破裂，必须引入一个公平合理的收益分配机制，使企业双方都能得到各自满意的收益。

5.2 基于相对风险的收益分配机制设计

5.2.1 相对风险的界定

对于集群供应链中核心企业与配套企业的协同创新，在无收益分配机制的情况下，核心企业与配套企业各自的收益情况会严重打击两企业参与协同创新的积极性，甚至可能会导致协同创新关系的破裂。所以，一个公平合理的收益分配机制尤其重要。同时，由于核心企业与配套企业的风险承受能力不同，两企业实际上所分担的风险其实是不同的。也就是说，由于核心企业与配套企业在风险承受能力上存在差异，即使核心企业与配套企业在协同创新中投入相同的资源和努力，实际上企业双方所分担的风险也是不同的。这一点一直被人们所忽略，但是它恰恰说明了企业在做出任何投资之前，都会考虑企业实际所分担的风险与所得收益是否相对应。如果面对较高的风险却得不到相应的收益，企业往往不愿投入太多的资源或者付出太多的努力，就可能会增加创新失败的概率，这也就要求在进行收益分配时必须要考虑企业实际上所分担的风险，而企业实际上承担的风险又是受企业的风险承受能力所影响的。李芹芹和刘志迎[135] 曾就企业效用与企业风险容忍度的关系进行了研究，表明企业的效用与企业的风险容忍度的关系是正相关的。风险容忍度一般指的是企业在实现目标过程中对各种风险因素的承受能力，企业的风险容忍度越高，说明企业抗风险的能力越强，企业的风险承受能力也就越强。实际上企业的风险容忍度与企业的风险承受能力是等价的[136]。基于以上分析，本章提出相对风险的概念：相对风险即为相对于企业的风险承受能力，企业所承担的实际风险。因此，相对风险与企业风险承受能力大小相关，同时也与企业参与协同创新项目所承担的绝对风险相关。

根据上述对相对风险概念的界定，相对风险与企业风险承受能力大小相关。具体来讲，企业的风险承受能力越强，企业的效用就会越大，也就是企业分担的相对风险会越小。所以，企业的风险承受能力与企业所承担的相对风险成反比关系，即企业的风险承受能力越强，它所分担的相对风险就越小；反之，企业的风险承受能力越弱，它所分担的相对风险就会越大。所以，核心企业作为集群供应链内的大型制造商，在规模、技术等方面比较强，其风险承受能力就比较强，进而其承担的相对风险就小，而作为为核心企业提供零部件的中小型配套企业往往实力较弱，其风险承受能力也就比较弱，进而其承担的相对风险就比较大。

影响企业风险承受能力的因素有很多，包括外部环境因素、公司治理因素和公司财务因素等。本书第 4 章对集群供应链企业创新风险承受能力的度量进行了研究。提出了在集群供应链协同创新背景下，企业创新风险承受能力的评价度量方法体系。该方法体系可以对企业的创新风险承受能力进行较好的量化度量。这里假设配套企业与核心企业的创新风险承受能力为 $u_i(i=1,2)$，其中配套企业的风险承受能力为 u_1，核心企业的风险承受能力为 u_2。因为核心企业的风险承受能力比配套企业的风险承受能力强，所以有 $u_1<u_2$。

此外，企业承担的相对风险还与企业参与协同创新项目所承担的绝对风险有关，而企业承担的绝对风险主要与企业参与项目的实际投入大小以及项目本身的风险大小有关。具体来说，企业实际的投入量越多，它所承担的相对风险就会越大；企业实际的投入量越少，它所承担的相对风险就会越小。同样，创新项目本身的风险越高（即失败率越高），企业承担的相对风险就越大；创新项目本身的风险越低（即失败率越低），企业承担的相对风险就越小。因此，协同创新中企业承担的相对风险与企业在创新中的实际投入和项目本身的风险大小成正比。

综上，企业在协同创新中承担的相对风险与企业自身的创新风险承受能力成反比，与企业在创新中的实际投入和项目本身的风险大小成正比。由此可以给出如下的相对风险数学表达方式。

假设企业的相对风险系数为 $r_i(i=1,2)$，可以得到函数关系 $r_i=\frac{c_i(1-P)}{u_i}$ $(i=1,2)$。其中，c_i 为两企业各自的实际投入量，由前文可知，配套企业的投入量 $c_1=\lambda I^*$，核心企业的投入量 $c_2=(1-\lambda)I^*$。假设配套企业的相对风险分担比例为ξ，则核心企业的相对风险分担比例为$1-\xi$。将相对风险系数进行归一化处理，即可得到配套企业和核心企业的相对风险分担比例 ξ 和$1-\xi$分别如下：

$$\xi=\frac{\frac{c_1(1-P)}{u_1}}{\frac{c_1(1-P)}{u_1}+\frac{c_2(1-P)}{u_2}}=\frac{c_1u_2}{c_1u_2+c_2u_1}=\frac{\lambda u_2}{\lambda u_2+(1-\lambda)u_1} \tag{5-36}$$

$$1-\xi=\frac{\frac{c_2(1-P)}{u_2}}{\frac{c_1(1-P)}{u_1}+\frac{c_2(1-P)}{u_2}}=\frac{c_2u_1}{c_1u_2+c_2u_1}=\frac{(1-\lambda)u_1}{\lambda u_2+(1-\lambda)u_1} \tag{5-37}$$

5.2.2 基于相对风险的收益分配机制模型

考虑到不同企业的风险承受能力不同，根据企业所分担的相对风险，本书提出基于相对风险分担的收益分配机制。该收益分配机制的基本思路是在保证企业双方的收益都有所增加的基础上，考虑到存在协同创新失败的可能，按照相对风险分担比例对协同创新产生的总收益的增加量进行分配。所以，下面基于配套企业与核心企业的相对风险分担比例，对两企业协同创新所得收益的增量进行分配，以上标 r 来表示基于相对风险分担的收益分配机制下的结果，则配套企业与核心企业的期望收益 π_1^r 和 π_2^r 分别为：

$$\pi_1^r=\pi_1^{(0)}+\xi\Delta\pi^*P-\xi I^*(1-P) \tag{5-38}$$

$$\pi_2^r=\pi_2^{(0)}+(1-\xi)\Delta\pi^*P-(1-\xi)I^*(1-P) \tag{5-39}$$

式（5-38）和式（5-39）即为基于相对风险分担的收益分配机制的分配结果。从该结果可以看出，对于不同的协同创新成功率 P，收益分配的结果会发生相应的变化。随着 P 的增大，核心企业和配套企业各自的期望收益会随之增大，而随着 P 的减小，核心企业和配套企业各自的期望收益会随之减小，当 P 减小到一定水平时，也就是协同创新的成功率低于这一水平时，配套企业和核心企业的期望收益必然会低于参与协同创新之前两企业各自的收益。这表明协同创新的成功率 P 的大小决定着配套企业与核心企业能否达成协同创新。通过以下命题对协同创新的成功率 P 进行分析。

命题 5.2　当 $P\geqslant\dfrac{I^*}{\Delta\pi^*+I^*}$时，$\pi_1^r\geqslant\pi_1^{(0)}$，$\pi_2^r\geqslant\pi_2^{(0)}$。

证明：协同创新的目的即使参与协同创新的企业能够获得相比于未创新时更高的收益。所以，在协同创新之前，只有当企业双方的期望收益较未创新时的收益高时，企业双方才会选择参与协同创新。因此，基于相对风险分担的收益分配机制的分配结果必然要满足如下条件：

$$\begin{cases}\pi_1^r\geqslant\pi_1^{(0)}\\ \pi_2^r\geqslant\pi_2^{(0)}\end{cases} \tag{5-40}$$

将式（5-7）、式（5-8）、式（5-38）、式（5-39）分别代入式（5-40），化简可得：

$$\begin{cases}\xi\Delta\pi^{*}P-\xi I^{*}(1-P)\geqslant 0\\(1-\xi)\Delta\pi^{*}P-(1-\xi)I^{*}(1-P)\geqslant 0\end{cases}\tag{5-41}$$

根据式（5-36）、式（5-37）可解得：

$$P\geqslant\frac{I^{*}}{\Delta\pi^{*}+I^{*}}\tag{5-42}$$

所以当 $P\geqslant\frac{I^{*}}{\Delta\pi^{*}+I^{*}}$ 时，有 $\pi_1^r\geqslant\pi_1^{(0)}$，$\pi_2^r\geqslant\pi_2^{(0)}$。证毕。

命题 5.2 表明，采用基于风险分担的收益分配机制后，只有在协同创新的成功率满足 $P\geqslant\frac{I^{*}}{\Delta\pi^{*}+I^{*}}$ 时，配套企业与核心企业才有参与协同创新的意愿。在此用 P^r 表示企业双方可以接受的达成协同创新的最低的创新成功率，即 $P^r=\frac{I^{*}}{\Delta\pi^{*}+I^{*}}$。也就是说，如果协同创新的成功率达不到 P^r，则配套企业与核心企业不存在达成协同创新的意愿，只有成功率大于或等于 P^r 即 $P\geqslant P^r$ 时，两企业才会愿意参与协同创新。将 P^r 称为基于相对风险分担分配机制下 P 的阈值。

5.3 基于相对风险的收益分配机制效果评价

在现有研究中，学者们对协同创新收益分配问题最常采用的方法为平均分配和按投入比例分配。因此这里将探讨无收益分配机制时、平均分配时以及按投入比例分配时配套企业与核心企业的收益情况，并将分析结果与基于相对风险分担的收益分配机制进行比较，总结并评价该机制的效果。以下研究中，用上标 r 表示基于相对风险分担的收益分配机制下的情况，用上标 s 表示无收益分配机制下的情况，用上标 e 表示平均分配方式下的情况，用上标 i 表示按投入比例分配方式下的情况。

5.3.1　无收益分配机制的情况

由前文可知，在无收益分配机制的情况下，配套企业与核心企业的期望收益 π_1^s 和 π_2^s 分别为：

$$\pi_1^s=\pi_1^* P+(\pi_1^{(0)}-c_1)(1-P) \tag{5-43}$$

$$\pi_2^s=\pi_2^* P+(\pi_2^{(0)}-c_2)(1-P) \tag{5-44}$$

协同创新的目的是使参与协同创新的企业能够获得相比未创新时更高的收益。所以，在协同创新之前，只有当企业双方的期望收益较未创新时的收益高时，企业双方才会选择参与协同创新。而企业双方的期望收益受协同创新成功率 P 值的影响，当成功率比较低时，两企业各自的收益会低于未创新时各自的收益，所以，对协同创新成功率 P 值的讨论就尤为重要。在无收益分配机制的情况下，配套企业与核心企业的期望收益需满足如下条件：

$$\begin{cases}\pi_1^s\geqslant\pi_1^{(0)}\\ \pi_2^s\geqslant\pi_2^{(0)}\end{cases} \tag{5-45}$$

将式（5-7）、式（5-8）、式（5-43）和式（5-44）代入可得：

$$\begin{cases}\pi_1^* P+(\pi_1^{(0)}-c_1)(1-P)\geqslant\pi_1^{(0)}\\ \pi_2^* P+(\pi_2^{(0)}-c_2)(1-P)\geqslant\pi_2^{(0)}\end{cases} \tag{5-46}$$

化简可得：

$$\begin{cases}P\geqslant\dfrac{c_1}{\pi_1^*-\pi_1^{(0)}+c_1}\\ P\geqslant\dfrac{c_2}{\pi_2^*-\pi_2^{(0)}+c_2}\end{cases} \tag{5-47}$$

由这两个约束条件可以得到配套企业与核心企业对协同创新成功率 P 有着不同的要求。令 $P_1^s=\dfrac{c_1}{\pi_1^*-\pi_1^{(0)}+c_1}$，$P_2^s=\dfrac{c_2}{\pi_2^*-\pi_2^{(0)}+c_2}$。其中，$P_1^s$ 表示在无

收益分配机制情况下，配套企业参与协同创新可接受的最低协同创新成功率 P 值；P_2^s 表示在无收益分配机制的情况下，核心企业参与协同创新可接受的最低协同创新成功率 P 值。下面对 P_1^s 和 P_2^s 的大小进行比较，进而分析在无收益分配机制的情况下配套企业与核心企业达成协同创新可以接受的最低创新成功率，即无收益分配机制情况下 P 的阈值 P^s。

命题 5.3 当 $\lambda \in \left[0, \dfrac{\pi_1^* - \pi_1^{(0)}}{\Delta\pi}\right)$ 时，$P^s = P_2^s = \dfrac{c_2}{\pi_2^* - \pi_2^{(0)} + c_2}$；当 $\lambda \in \left(\dfrac{\pi_1^* - \pi_1^{(0)}}{\Delta\pi}, 1\right]$ 时，$P^s = P_1^s = \dfrac{c_1}{\pi_1^* - \pi_1^{(0)} + c_1}$；当 $\lambda = \dfrac{\pi_1^* - \pi_1^{(0)}}{\Delta\pi}$ 时，$P^s = P_1^s = P_2^s$。

证明：由式（5-47）对 P_1^s 和 P_2^s 作差得：

$$
\begin{aligned}
P_1^s - P_2^s &= \frac{c_1}{\pi_1^* - \pi_1^{(0)} + c_1} - \frac{c_2}{\pi_2^* - \pi_2^{(0)} + c_2} \\
&= \frac{c_1(\pi_2^* - \pi_2^{(0)}) - c_2(\pi_1^* - \pi_1^{(0)})}{(\pi_1^* - \pi_1^{(0)} + c_1)(\pi_2^* - \pi_2^{(0)} + c_2)} \\
&= \frac{\lambda I^* (\pi_2^* - \pi_2^{(0)}) - (1-\lambda) I^* (\pi_1^* - \pi_1^{(0)})}{(\pi_1^* - \pi_1^{(0)} + c_1)(\pi_2^* - \pi_2^{(0)} + c_2)} \\
&= \frac{\lambda I^* (\pi_1^* + \pi_2^* - \pi_1^{(0)} - \pi_2^{(0)}) - I^* (\pi_1^* - \pi_1^{(0)})}{(\pi_1^* - \pi_1^{(0)} + c_1)(\pi_2^* - \pi_2^{(0)} + c_2)}
\end{aligned}
\tag{5-48}
$$

因为 $\Delta\pi^* = \pi_1^* + \pi_2^* - \pi_1^{(0)} - \pi_2^{(0)}$，所以有：

$$
\begin{aligned}
P_1^s - P_2^s &= \frac{\lambda I^* \Delta\pi^* - I^* (\pi_1^* - \pi_1^{(0)})}{(\pi_1^* - \pi_1^{(0)} + c_1)(\pi_2^* - \pi_2^{(0)} + c_2)} \\
&= \frac{I^* [\lambda \Delta\pi^* - (\pi_1^* - \pi_1^{(0)})]}{(\pi_1^* - \pi_1^{(0)} + c_1)(\pi_2^* - \pi_2^{(0)} + c_2)}
\end{aligned}
\tag{5-49}
$$

由式（5-49）可得，当 $0 \leqslant \lambda < \dfrac{\pi_1^* - \pi_1^{(0)}}{\Delta\pi}$ 时，有 $P_1^s < P_2^s$；当 $\dfrac{\pi_1^* - \pi_1^{(0)}}{\Delta\pi} < \lambda \leqslant 1$ 时，有 $P_1^s > P_2^s$；当 $\lambda = \dfrac{\pi_1^* - \pi_1^{(0)}}{\Delta\pi}$ 时，有 $P_1^s = P_2^s$。也就是说，当配套企业的投

入份额 λ 满足 $0\leqslant\lambda<\dfrac{\pi_1^*-\pi_1^{(0)}}{\Delta\pi}$时，配套企业可以接受的最低成功率 P_1^s 小于核心企业可接受的最低成功率 P_2^s；当配套企业的投入份额 λ 满足$\dfrac{\pi_1^*-\pi_1^{(0)}}{\Delta\pi}<\lambda\leqslant 1$ 时，配套企业可以接受的最低成功率 P_1^s 大于核心企业可接受的最低成功率 P_2^s；当 $\lambda=\dfrac{\pi_1^*-\pi_1^{(0)}}{\Delta\pi}$时，配套企业与核心企业两者可以接受的最低成功率相等，即 $P_1^s=P_2^s$。

由于两企业都参与协同创新的前提是协同创新成功率 P 的值要同时大于或等于两企业可以接受的最低成功率，因此，可得无收益分配机制情况下当 $\lambda\in\left[0,\dfrac{\pi_1^*-\pi_1^{(0)}}{\Delta\pi}\right)$时，$P$ 的阈值 $P^s=P_2^s=\dfrac{c_2}{\pi_2^*-\pi_2^{(0)}+c_2}$；当 $\lambda\in\left(\dfrac{\pi_1^*-\pi_1^{(0)}}{\Delta\pi},1\right]$时，$P$ 的阈值 $P^s=P_1^s=\dfrac{c_1}{\pi_1^*-\pi_1^{(0)}+c_1}$；当 $\lambda=\dfrac{\pi_1^*-\pi_1^{(0)}}{\Delta\pi}$时，$P$ 的阈值 $P^s=P_1^s=P_2^s$。证毕。

由命题 5.3 可知，当配套企业投入份额 λ 在范围$\left[0,\dfrac{\pi_1^*-\pi_1^{(0)}}{\Delta\pi}\right)$时，只有协同创新成功率满足 $P\geqslant P^s=P_2^s=\dfrac{c_2}{\pi_2^*-\pi_2^{(0)}+c_2}$，配套企业与核心企业才能达成协同创新；当配套企业投入份额 λ 在范围$\left(\dfrac{\pi_1^*-\pi_1^{(0)}}{\Delta\pi},1\right]$时，只有协同创新成功率满足 $P\geqslant P^s=P_1^s=\dfrac{c_1}{\pi_1^*-\pi_1^{(0)}+c_1}$，配套企业与核心企业才能达成协同创新；而当 $\lambda=\dfrac{\pi_1^*-\pi_1^{(0)}}{\Delta\pi}$时，协同创新成功率满足 $P\geqslant P^s=P_1^s=P_2^s$ 时，配套企业与核心企业才能达成协同创新。

由命题 5.3 得到了无收益分配机制情况下配套企业与核心企业参与协同

创新，需要满足的最低创新成功率，即无收益分配机制情况下 P 的阈值 P^s。为了将无收益分配机制与基于相对风险分担的收益分配机制这两种情况进行比较，下面对这两种情况下 P 的阈值进行比较分析。

命题 5.4 当 $\lambda \neq \dfrac{\pi_1^* - \pi_1^{(0)}}{\Delta\pi}$ 时，$P^r < P^s$；当 $\lambda = \dfrac{\pi_1^* - \pi_1^{(0)}}{\Delta\pi}$ 时，$P^r = P^s$。

证明：由命题 5.2 可知在基于相对风险分担的收益分配机制下 P 的阈值 $P^r = \dfrac{I^*}{\Delta\pi^* + I^*}$。下面将 λ 的取值分为以下三种情况进行讨论。

（1）当 $0 \leqslant \lambda < \dfrac{\pi_1^* - \pi_1^{(0)}}{\Delta\pi}$ 时，$P^s = P_2^s = \dfrac{c_2}{\pi_2^* - \pi_2^{(0)} + c_2}$，将 P^r 与 P^s 进行比较：

$$
\begin{aligned}
P^r - P^s &= \frac{I^*}{\Delta\pi^* + I^*} - \frac{c_2}{\pi_2^* - \pi_2^{(0)} + c_2} \\
&= \frac{I^*(\pi_2^* - \pi_2^{(0)}) - c_2\Delta\pi^*}{(\Delta\pi^* + I^*)(\pi_2^* - \pi_2^{(0)} + c_2)} \\
&= \frac{I^*(\pi_2^* - \pi_2^{(0)}) - (1-\lambda) I^* \Delta\pi^*}{(\Delta\pi^* + I^*)(\pi_2^* - \pi_2^{(0)} + c_2)} \\
&= \frac{I^*[(\pi_2^* - \pi_2^{(0)}) - \Delta\pi^*] + \lambda I^* \Delta\pi^*}{(\Delta\pi^* + I^*)(\pi_2^* - \pi_2^{(0)} + c_2)}
\end{aligned}
\tag{5-50}
$$

若 $P^r - P^s \geqslant 0$，则 $(\pi_2^* - \pi_2^{(0)}) - \Delta\pi^* + \lambda\Delta\pi^* \geqslant 0$，即 $\lambda\Delta\pi^* \geqslant \pi_1^* - \pi_1^{(0)}$，化简可得 $\lambda \geqslant \dfrac{\pi_1^* - \pi_1^{(0)}}{\Delta\pi^*}$，与已知限定条件相矛盾，所以 $P^r - P^s < 0$，即 $P^r < P^s$ 成立。

（2）当 $\dfrac{\pi_1^* - \pi_1^{(0)}}{\Delta\pi} < \lambda \leqslant 1$ 时，$P^s = P_1^s = \dfrac{c_1}{\pi_1^* - \pi_1^{(0)} + c_1}$，将 P^r 与 P^s 进行比较：

$$
\begin{aligned}
P^r-P^s &= \frac{I^*}{\Delta\pi^*+I^*}-\frac{c_1}{\pi_1^*-\pi_1^{(0)}+c_1} \\
&= \frac{I^*(\pi_1^*-\pi_1^{(0)})-c_1\Delta\pi^*}{(\Delta\pi^*+I^*)(\pi_1^*-\pi_1^{(0)}+c_1)} \\
&= \frac{I^*(\pi_1^*-\pi_1^{(0)})-\lambda I^*\Delta\pi^*}{(\Delta\pi^*+I^*)(\pi_1^*-\pi_1^{(0)}+c_1)}
\end{aligned}
\tag{5-51}
$$

若 $P^r-P^s \geqslant 0$，则 $I^*(\pi_1^*-\pi_1^{(0)})-\lambda I^*\Delta\pi^* \geqslant 0$，化简可得 $\lambda \leqslant \frac{\pi_1^*-\pi_1^{(0)}}{\Delta\pi^*}$，与已知限定条件相矛盾，所以，$P^r-P^s<0$，即 $P^r<P^s$ 成立。

（3）当 $\lambda = \frac{\pi_1^*-\pi_1^{(0)}}{\Delta\pi}$ 时，$P^s=P_1^s=P_2^s$，将 P^r 与 P^s 进行比较：

由于 $P^s=P_1^s=P_2^s$，所以不妨令 $P^s=P_1^s=\frac{c_1}{\pi_1^*-\pi_1^{(0)}+c_1}$（$P^s=P_2^s$ 时结论不变），则由（2）可知：

$$
P^r-P^s = \frac{I^*(\pi_1^*-\pi_1^{(0)})-\lambda I^*\Delta\pi^*}{(\Delta\pi^*+I^*)(\pi_1^*-\pi_1^{(0)}+c_1)} \tag{5-52}
$$

因为 $\lambda = \frac{\pi_1^*-\pi_1^{(0)}}{\Delta\pi}$，代入式（5-52）可得 $P^r-P^s=0$，即 $P^r=P^s$ 成立。

综合以上三种情况的讨论可得：当 $\lambda \neq \frac{\pi_1^*-\pi_1^{(0)}}{\Delta\pi}$ 时，$P^r<P^s$；当 $\lambda = \frac{\pi_1^*-\pi_1^{(0)}}{\Delta\pi}$ 时，$P^r=P^s$。证毕。

命题 5.4 表明，除了配套企业的投入比例正好满足 $\lambda = \frac{\pi_1^*-\pi_1^{(0)}}{\Delta\pi}$ 时有 $P^r=P^s$ 以外，其他情况下均有 $P^r<P^s$。说明在基于相对风险分担的收益分配机制下，配套企业与核心企业对于 P 阈值的要求要低于无收益分配机制时的要求。所以，如果协同创新成功率比较低，采用基于相对风险分担的收益分配机制

能够增强企业双方参与协同创新的意愿，使两企业更加乐于参与协同创新。因此，就协同创新的成功率而言，相比于无收益分配机制的情况，配套企业与核心企业在基于相对风险分担的收益分配机制下更容易达成协同创新，即双方参与协同创新的意愿会更加强烈。

5.3.2 平均分配的情况

平均分配是将获得的收益以“均等”的原则分配给每个参与者的一种分配方式。依照5.1的模型，加入协同创新风险因素，将协同创新带来的收益增量平均分配给配套企业与核心企业，可得到配套企业与核心企业的期望收益 π_1^e 和 π_2^e 分别如下：

$$\pi_1^e=\pi_1^{(0)}+\frac{1}{2}\Delta\pi^*P-\lambda I^*(1-P) \tag{5-53}$$

$$\pi_2^e=\pi_2^{(0)}+\frac{1}{2}\Delta\pi^*P-(1-\lambda)I^*(1-P) \tag{5-54}$$

企业参与协同创新的目的是能够获得相比未创新时更多的收益。而协同创新一定会使供应链整体的收益增加，这就要求在分配过程中务必要保证参与协同创新的企业各自的收益都会比未创新时的收益有所增加。只有这样，配套企业与核心企业才会选择参与协同创新，所以，平均分配方式下配套企业与核心企业的期望收益必须满足如下条件：

$$\begin{cases}\pi_1^e\geqslant\pi_1^{(0)}\\ \pi_2^e\geqslant\pi_2^{(0)}\end{cases} \tag{5-55}$$

将式（5-53）、式（5-54）代入式（5-55）得：

$$\begin{cases}\frac{1}{2}\Delta\pi^*P-\lambda I^*(1-P)\geqslant 0\\ \frac{1}{2}\Delta\pi^*P-(1-\lambda)I^*(1-P)\geqslant 0\end{cases} \tag{5-56}$$

化简后可解得：

$$\begin{cases} P \geqslant \dfrac{2\lambda I^*}{\Delta\pi^* + 2\lambda I^*} \\ P \geqslant \dfrac{2(1-\lambda)I^*}{\Delta\pi^* + 2(1-\lambda)I^*} \end{cases} \tag{5-57}$$

由此可以得到配套企业与核心企业所要求的 P 的阈值分别为 $\dfrac{2\lambda I^*}{\Delta\pi^* + 2\lambda I^*}$ 和 $\dfrac{2(1-\lambda)I^*}{\Delta\pi^* + 2(1-\lambda)I^*}$。不妨令 $P_1^e = \dfrac{2\lambda I^*}{\Delta\pi^* + 2\lambda I^*}$，$P_2^e = \dfrac{2(1-\lambda)I^*}{\Delta\pi^* + 2(1-\lambda)I^*}$。其中，$P_1^e$ 是指在平均分配方式下配套企业可以接受的达成协同创新的最低成功率，只有当协同创新成功率达到 P_1^e 时，配套企业才有参与协同创新的意愿；P_2^e 是指在平均分配方式下核心企业可以接受的达成协同创新的最低成功率，只有当协同创新成功率达到 P_2^e 时，核心企业才有参与协同创新的意愿。而只有当协同创新的成功率比两企业所能接受的协同创新最低成功率都高时，协同创新才能够顺利达成。因此，下面对 P_1^e 和 P_2^e 进行比较，进而分析在平均分配方式下，协同创新成功率 P 的阈值 P^e。

命题 5.5　当 $\lambda \in \left[0, \dfrac{1}{2}\right)$ 时，有 $P^e = P_2^e$；当 $\lambda \in \left(\dfrac{1}{2}, 1\right]$ 时，有 $P^e = P_1^e$；当 $\lambda = \dfrac{1}{2}$ 时，有 $P^e = P_1^e = P_2^e$。

证明：将 P_1^e 和 P_2^e 作差有：

$$\begin{aligned} P_1^e - P_2^e &= \frac{2\lambda I^*}{\Delta\pi^* + 2\lambda I^*} - \frac{2(1-\lambda)I^*}{\Delta\pi^* + 2(1-\lambda)I^*} \\ &= \frac{2\lambda I^* \Delta\pi^* - 2(1-\lambda)I^* \Delta\pi^*}{(\Delta\pi^* + 2\lambda I^*)[\Delta\pi^* + 2(1-\lambda)I^*]} \\ &= \frac{2I^* \Delta\pi^* (2\lambda - 1)}{(\Delta\pi^* + 2\lambda I^*)[\Delta\pi^* + 2(1-\lambda)I^*]} \end{aligned} \tag{5-58}$$

由式（5-58）的计算结果可知，当配套企业的投入份额 $\lambda<\frac{1}{2}$ 时，核心企业可以接受的最低协同创新成功率 P_2^e 大于配套企业可以接受的最低协同创新成功率 P_1^e，即 $P_1^e<P_2^e$；而当配套企业的投入份额 $\lambda>\frac{1}{2}$ 时，配套企业可以接受的最低协同创新成功率 P_2^e 大于核心企业可以接受的最低协同创新成功率 P_1^e，即 $P_1^e>P_2^e$；而当配套企业的投入份额 $\lambda=\frac{1}{2}$ 时，配套企业与核心企业可以接受的最低协同创新成功率相等，即 $P_1^e=P_2^e$。

只有当协同创新成功率 P 的值同时大于配套企业与核心企业可以接受的最低协同创新成功率时，两企业才能达成协同创新。因此可得平均分配情况下当 $\lambda\in\left[0,\frac{1}{2}\right)$ 时，P 的阈值 $P^e=P_2^e=\frac{2(1-\lambda)I^*}{\Delta\pi^*+2(1-\lambda)I^*}$；当 $\lambda\in\left(\frac{1}{2},1\right]$ 时，P 的阈值 $P^e=P_1^e=\frac{2\lambda I^*}{\Delta\pi^*+2\lambda I^*}$；当 $\lambda=\frac{1}{2}$ 时，P 的阈值 $P^e=P_1^e=P_2^e$。证毕。

命题 5.5 表明，在平均分配方式下，当配套企业投入份额 λ 在范围 $\left[0,\frac{1}{2}\right)$ 时，只有协同创新成功率满足 $P\geqslant P^e=P_2^e$，配套企业与核心企业才均能接受并参与协同创新；当配套企业投入份额 λ 在范围 $\left(\frac{1}{2},1\right]$ 时，只有协同创新成功率满足 $P\geqslant P^e=P_1^e$，配套企业与核心企业才均能接受并参与协同创新；当配套企业投入份额 $\lambda=\frac{1}{2}$ 时，只有协同创新成功率满足 $P\geqslant P^e=P_1^e=P_2^e$ 时，配套企业与核心企业才均能接受并参与协同创新。

由命题 5.2 可知，在基于相对风险分担的收益分配机制下，配套企业与核心企业参与协同创新所需满足的条件为协同创新成功率不低于 P^r，下面将其与平均分配情况下 P 的阈值 P^e 进行比较，进而分析基于相对风险分担的收益分配机制与平均分配机制的不同。

命题 5.6　当 $\lambda \neq \frac{1}{2}$ 时，$P^r < P^e$；当 $\lambda = \frac{1}{2}$ 时，$P^r = P^e$。

证明：由命题 5.2 可知在基于相对风险分担的收益分配机制下 P 的阈值 $P^r = \frac{I^*}{\Delta\pi^* + I^*}$。下面将 λ 的取值分为以下三种情况进行讨论。

（1）当 $0 \leqslant \lambda < \frac{1}{2}$ 时，$P^e = P_2^e = \frac{2(1-\lambda)I^*}{\Delta\pi^* + 2(1-\lambda)I^*}$，将 P^r 与 P^e 进行比较：

$$\begin{aligned} P^r - P^e &= \frac{I^*}{\Delta\pi^* + I^*} - \frac{2(1-\lambda)I^*}{\Delta\pi^* + 2(1-\lambda)I^*} \\ &= \frac{I^*\Delta\pi^* - 2(1-\lambda)I^*\Delta\pi^*}{(\Delta\pi^* + I^*)[\Delta\pi^* + 2(1-\lambda)I^*]} \\ &= \frac{I^*\Delta\pi^*(2\lambda - 1)}{(\Delta\pi^* + I^*)[\Delta\pi^* + 2(1-\lambda)I^*]} \end{aligned} \tag{5-59}$$

由 $0 \leqslant \lambda < \frac{1}{2}$ 可知，$P^r - P^e < 0$，所以有 $P^r < P^e$。

（2）当 $\frac{1}{2} < \lambda \leqslant 1$ 时，$P^e = P_1^e = \frac{2\lambda I^*}{\Delta\pi^* + 2\lambda I^*}$，将 P^r 与 P^e 进行比较：

$$\begin{aligned} P^r - P^e &= \frac{I^*}{\Delta\pi^* + I^*} - \frac{2\lambda I^*}{\Delta\pi^* + 2\lambda I^*} \\ &= \frac{I^*\Delta\pi^* - 2\lambda I^*\Delta\pi^*}{(\Delta\pi^* + I^*)(\Delta\pi^* + 2\lambda I^*)} \\ &= \frac{(1-2\lambda)I^*\Delta\pi^*}{(\Delta\pi^* + I^*)(\Delta\pi^* + 2\lambda I^*)} \end{aligned} \tag{5-60}$$

由 $\frac{1}{2} < \lambda \leqslant 1$ 可知，$P^r - P^e < 0$，所以有 $P^r < P^e$。

（3）当 $\lambda = \frac{1}{2}$ 时，$P^e = P_1^e = P_2^e$，将 P^r 与 P^e 进行比较：

由于 $P^e = P_1^e = P_2^e$，所以不妨令 $P^e = P_1^e = \frac{2\lambda I^*}{\Delta\pi^* + 2\lambda I^*}$（$P^e = P_2^e$ 时结论不变），

则由（2）可知：

$$P^{r}-P^{e}=\frac{(1-2\lambda)I^{*}\Delta\pi^{*}}{(\Delta\pi^{*}+I^{*})(\Delta\pi^{*}+2\lambda I^{*})} \tag{5-61}$$

因为 $\lambda=\frac{1}{2}$，代入式（5-61）可得 $P^{r}-P^{e}=0$，即 $P^{r}=P^{e}$ 成立。

综合以上三种情况的讨论可得：当 $\lambda\neq\frac{1}{2}$ 时，$P^{r}<P^{e}$；当 $\lambda=\frac{1}{2}$ 时，$P^{r}=P^{e}$。证毕。

命题 5.6 表明，除了配套企业的投入比例正好满足 $\lambda=\frac{1}{2}$ 时有 $P^{r}=P^{e}$ 以外，其他情况下均有 $P^{r}<P^{e}$。说明在基于相对风险分担的收益分配机制下，两企业对于 P 的阈值的要求要低于平均分配方式下的要求。所以，如果协同创新成功率比较低，采用基于相对风险分担的收益分配机制能够增强企业双方参与协同创新的意愿，使两企业更乐于参与协同创新。因此，就协同创新的成功率而言，相比于平均分配方式，配套企业与核心企业在基于相对风险分担的收益分配机制下更容易达成协同创新，即双方对参与协同创新的意愿更加强烈。

5.3.3 按投入比例分配的情况

按投入比例分配方式的核心思想是使参与者的投入与产出成正比关系，即按照“谁投入多谁收入多”的原则，依照投入的比例对收益进行分配。依照 5.1 的模型，加入协同创新风险因素，将协同创新产生的收益增加值按照企业双方投入比例进行分配，则配套企业与核心企业的期望收益 π_1^i 和 π_2^i 分别如下：

$$\pi_1^i=\pi_1^{(0)}+\lambda\Delta\pi^{*}P-\lambda I^{*}(1-P) \tag{5-62}$$

$$\pi_2^i=\pi_2^{(0)}+(1-\lambda)\Delta\pi^{*}P-(1-\lambda)I^{*}(1-P) \tag{5-63}$$

企业参与协同创新的目的是能够获得相比未创新时更多的收益。而协同创新一定会使供应链整体的收益增加，这就要求在分配过程中势必要保证参与协同创新的企业各自的收益都会比未创新时的收益有所增加。只有这样，配套企业与核心企业才会选择参与协同创新，所以，在按投入比例分配方式下，配套企业与核心企业的期望收益必须满足如下条件：

$$\begin{cases} \pi_1^i \geqslant \pi_1^{(0)} \\ \pi_2^i \geqslant \pi_2^{(0)} \end{cases} \tag{5-64}$$

将式（5-62）、式（5-63）代入式（5-64）：

$$\begin{cases} \lambda \Delta\pi^* P - \lambda I^* (1-P) \geqslant 0 \\ (1-\lambda) \Delta\pi^* P - (1-\lambda) I^* (1-P) \geqslant 0 \end{cases} \tag{5-65}$$

化简后可解得：

$$P \geqslant \frac{I^*}{\Delta\pi^* + I^*} \tag{5-66}$$

由此可以得到配套企业与核心企业所能接受的最低协同创新成功率 P 均为$\frac{I^*}{\Delta\pi^* + I^*}$。所以 P 的阈值为 $P^i = \frac{I^*}{\Delta\pi^* + I^*}$，指在按投入比例分配方式下，配套企业与核心企业可以接受的达成协同创新的 P 的最低值，只有当协同创新成功率大于或等于 P^i 时，两企业才有参与协同创新的意愿。对基于相对风险分担的收益分配和按投入比例分配两种情况进行比较后有如下结论。

命题 5.7　对于任意的 $\lambda \in [0,1]$，有 $P^r = P^i$，且有 $\pi_1^r > \pi_1^i$，$\pi_2^r < \pi_2^i$。

证明：由命题 5.2 可知，在基于相对风险分担的收益分配机制下，配套企业与核心企业达成协同创新所要求的阈值 $P^r = \frac{I^*}{\Delta\pi^* + I^*}$，而在按投入比例分配方式下，配套企业与核心企业达成协同创新所要求的阈值 $P^i = \frac{I^*}{\Delta\pi^* + I^*}$，所以 $P^r = P^i$。

现将基于相对风险的收益分配机制下的配套企业与核心企业的收益分别与按投入比例分配下的收益进行对比。

（1）对于配套企业：在基于相对风险分担的收益分配机制下，配套企业的期望收益为 π_1^r；在按投入比例分配方式下，配套企业的期望收益为 π_1^i，将两种收益分配方式下配套企业的期望收益作差，并将式（5-38）、式（5-62）代入可得：

$$\begin{aligned}\pi_1^r-\pi_1^i&=[\pi_1^{(0)}+\xi\Delta\pi^*P-\xi I^*(1-P)]-[\pi_1^{(0)}+\lambda\Delta\pi^*P-\lambda I^*(1-P)]\\&=(\xi-\lambda)\Delta\pi^*P-(\xi-\lambda)I^*(1-P)\end{aligned}\tag{5-67}$$

由式（5-36）可知，$\xi=\dfrac{c_1u_2}{c_1u_2+c_2u_1}$，已知 $\lambda=\dfrac{c_1}{c_1+c_2}$，代入式（5-67）可得：

$$\begin{aligned}\pi_1^r-\pi_1^i&=\left(\frac{c_1u_2}{c_1u_2+c_2u_1}-\frac{c_1}{c_1+c_2}\right)\Delta\pi^*P-\left(\frac{c_1u_2}{c_1u_2+c_2u_1}-\frac{c_1}{c_1+c_2}\right)I^*(1-P)\\&=\frac{c_1c_2(u_2-u_1)}{(c_1u_2+c_2u_1)(c_1+c_2)}[(\Delta\pi^*+I^*)P-I^*]\end{aligned}\tag{5-68}$$

其中，u_1 和 u_2 分别表示配套企业和核心企业的风险承受能力。由于核心企业在资源、规模以及技术水平等方面具有优势，而配套企业在这些方面相比较弱，所以核心企业的风险承受能力比较强，故有 $u_1<u_2$。又因为 $P\geqslant\dfrac{I^*}{\Delta\pi^*+I^*}$，所以 $\pi_1^r-\pi_1^i>0$ 成立，即有 $\pi_1^r>\pi_1^i$。这表明在基于相对风险分担的收益分配机制下，配套企业的收益要高于按投入比例分配方式下其所得收益。

（2）对于核心企业：由 5.1 节可知，协同创新所带来的总收益的增量为定值，所以用来分配的总收益是保持不变的，即：

$$\Delta\pi=\pi_1^r+\pi_2^r\tag{5-69}$$

$$\Delta\pi=\pi_1^i+\pi_2^i\tag{5-70}$$

若 π_1^r 增大，则必有 π_2^r 减小，反之，则必有 π_2^r 增大；同理，若 π_1^i 减小，

则必有 π_2^i 增大，反之，则必有 π_2^i 减小。由（1）可知 $\pi_1^r>\pi_1^i$，因为所分配的协同创新所带来的总收益的增加量为定值，所以必存在 $\pi_2^r<\pi_2^i$。这表明在基于相对风险分担的收益分配机制下，核心企业的收益要低于按投入比例分配方式下其所得收益。

综合以上证明可得：对于任意的 $\lambda \in [0,1]$，有 $P^r = P^i$，且有 $\pi_1^r > \pi_1^i$，$\pi_2^r<\pi_2^i$。证毕。

命题 5.7 表明，在按投入比例分配机制下，企业双方达成协同创新可接受的最低协同创新成功率与基于相对风险分担的收益分配机制下的相同。在基于相对风险分担的收益分配机制下，配套企业的收益高于按投入比例分配下的收益，核心企业的收益低于按投入比例分配下的收益。这是因为基于相对风险分担的收益分配机制是按照双方所承担的相对风险大小来分配收益的。相对风险是在考虑双方实际投入的基础上进一步考虑双方的风险承受能力得到的，因此，相对风险更能反映企业真实承担的风险。与按投入比例分配相比，基于相对风险分担的收益分配机制给予风险承受能力较弱的配套企业较高的收益，从而可以更好地激励配套企业积极投入协同创新，有利于创新成功。虽然这同时导致核心企业的收益相比按投入比例分配有所降低，但是由于核心企业作为整个供应链的领导企业，风险承受能力较强，理应为整个供应链的创新成功承担更大责任。因此，从供应链整体角度考虑，基于相对风险分担的收益分配机制更加合理。

5.4　算例分析

为了能够在更加直观地证明本章结论的基础上做出进一步的研究，根据本书模型中对参数的限定条件，运用算例分析进行验证。不妨设某地区的集群供应链内某核心企业现为了升级产品，欲与为其提供某零部件的配套企业共同对该零部件进行技术创新。结合模型对相关参数赋值如下：设产品的总

生产成本 $c=50$，且在协同创新之前产品的市场需求函数为 $Q(p)=100-p$。因此需求函数中的参数 $b=1$。由于 $b=1>\frac{3}{8}$，所以可得 $\theta^*=30$（如果设 $b\leqslant\frac{3}{8}$，所得的分析结论与本书结论一致，这一点读者可以自行验证）。在该技术创新项目中，核心企业与配套企业共同投资且共享收益。本节将以数值算例的形式分别从收益、投入、协同创新成功率以及风险承受能力四个角度对模型进行分析，并根据所得图形做出进一步探讨。

5.4.1 企业协同创新前后企业收益的比较

协同创新可以使供应链的总收益增加，但是未必能保证每个企业的收益都较未创新时有所增加。随着配套企业投入份额 λ 的变化，核心企业与配套企业的收益也随之变化。核心企业与配套企业在未进行协同创新和进行协同创新后（未引入收益分配机制）的收益变化情况如图 5-3 所示。

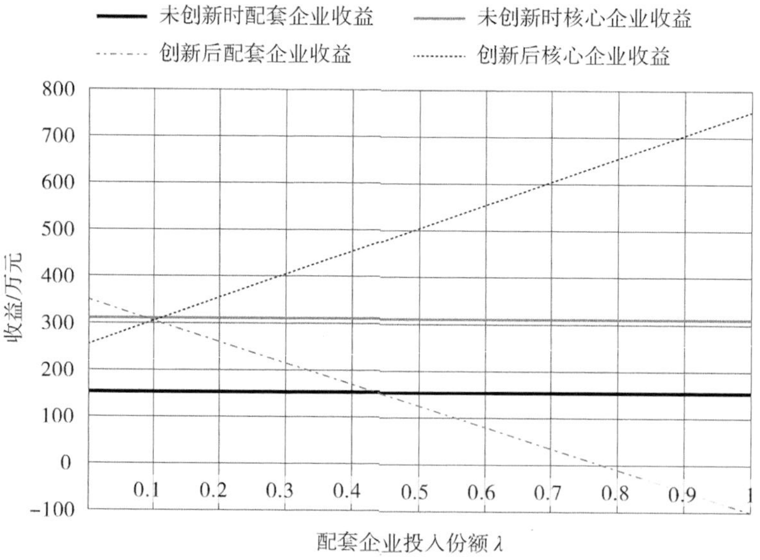

图 5-3 两企业协同创新前后收益情况比较

图 5-3 很好地印证了命题 5.1 的结论。对于核心企业而言，当 $0.13 \leqslant \lambda \leqslant 1$ 时，企业创新后的期望收益高于未创新时的收益；而当 $0 \leqslant \lambda < 0.13$ 时，企业创新后的期望收益低于未创新时的收益。同样，对于配套企业而言，当 $0 \leqslant \lambda \leqslant 0.43$ 时，企业创新后的期望收益高于未创新时的收益；而当 $0.43 < \lambda \leqslant 1$ 时，企业创新后的期望收益低于未创新时的收益。从两个企业的角度来看，当 $0.13 \leqslant \lambda \leqslant 0.43$ 时，两企业参与协同创新的期望收益均高于未创新时的收益。

从 λ 的取值区间来看，同样在企业创新后收益高于创新前的条件下，对于核心企业 λ 满足条件的取值区间更广（$0.13 \leqslant \lambda \leqslant 1$）。而对于配套企业 λ 满足条件的取值区间则较窄（$0 \leqslant \lambda \leqslant 0.43$）。此外从图 5-3 中可以看出，配套企业创新后的期望收益随着其投入的增加而减少，说明配套企业不能获得与自身投入和所承担的风险相对应的收益。这会严重打击配套企业增加投入和参与协同创新的积极性。因此，无收益分配机制时的收益情况对配套企业非常不利，引入公平合理的收益分配机制十分重要。

5.4.2　不同分配机制下企业参与协同创新的最小 P 值比较

前文研究了四种情况下的收益情况，发现只有当协同创新的成功率 P 大于某一临界值时，配套企业与核心企业才都有参与协同创新的意愿。我们称该最小临界值为 P 的阈值。如果协同创新的成功率低于 P 的阈值，那么两企业将不会达成协同创新，因为此时创新的风险比较大，两企业不会得到期望的高于未创新时的收益，一旦协同创新失败，给企业双方尤其是配套企业带来的损失是不容忽视的。因此，图 5-4 对四种情况下两企业所要求的 P 的阈值进行了比较。

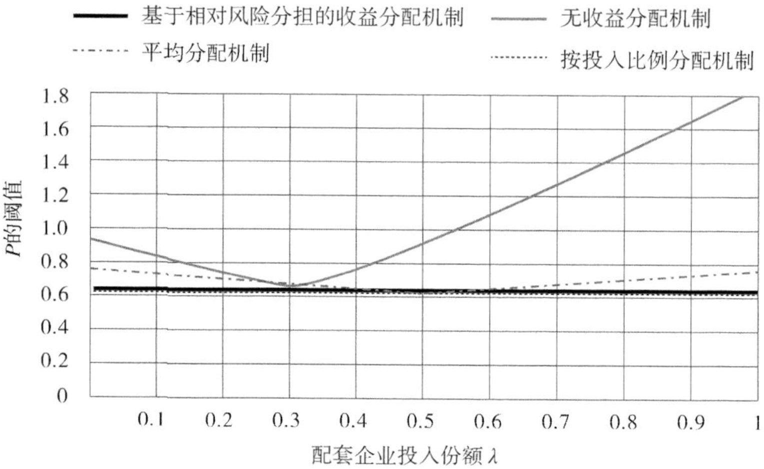

图 5-4　不同情况下协同创新条件的比较

首先，从图 5-4 中不难发现，在无收益分配机制时，随着配套企业投入份额 λ 的增大，P 的阈值呈现先减小后增大的变化趋势，在配套企业投入份额 $\lambda=0.3$ 时，P 的阈值取得最小值，该最小值等于基于相对风险分担的收益分配机制下 P 的阈值。另外，当配套企业的投入份额超过 0.3 时，P 的阈值呈快速增长趋势，并在配套企业投入份额达到一半以上时，P 的阈值超过了 1，这显然是不合理的，表明此时核心企业与配套企业不可能达成协同创新。其次，对于平均分配机制，随着配套企业投入份额 λ 的增大，P 的阈值也表现为先减小后增大的变化趋势，且除了 $\lambda=0.5$ 时 P 的阈值与基于相对风险分担的收益分配机制下相等以外，在 λ 取其他任意值时均小于基于相对风险分担的收益分配机制下 P 的阈值。最后，对于按投入比例分配机制而言，结合 5.3.3 小节内容与图 5-4，可以发现对于任意 $\lambda \in [0,1]$，按投入比例分配机制下 P 的阈值均与基于相对风险分担的收益分配机制下 P 的阈值相等。

综上，通过将无收益分配机制下、平均分配机制下以及按投入比例分配机制下 P 的阈值与基于相对风险分担的收益分配机制下 P 的阈值进行比较，可以发现这三种情况下 P 的阈值均不低于基于相对风险分担的收益分配机制

下 P 的阈值。这表明采取该机制进行收益分配时，配套企业与核心企业对于协同创新成功率的要求最低，表示此时最容易促成协同创新，因此，基于相对风险分担的收益分配机制能够从该角度很好地激发配套企业与核心企业参与协同创新的积极性，从而有利于协同创新的进行。

5.4.3　不同分配机制下企业收益的比较

由前文可知，配套企业与核心企业的收益同时受协同创新成功率 P 和配套企业投入份额 λ 的影响，故根据图 5-4 的结论，为了保证在四种收益分配机制下两企业能够达成协同创新，选取 $P=0.8$，将基于相对风险分担的收益分配机制下配套企业与核心企业的收益情况分别与其他三种分配机制下两企业的收益情况进行比较。

5.4.3.1　与无收益分配机制时收益的比较

在基于相对风险分担的收益分配机制下，分别将配套企业所得收益和核心企业所得收益与无收益分配机制时两企业的收益情况进行比较，结果如图 5-5 和图 5-6 所示。

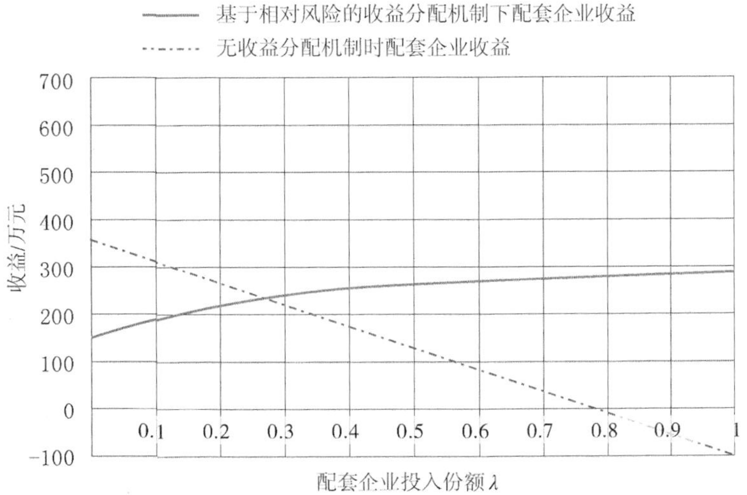

图 5-5　π_1^J 与 π_1^s 的比较

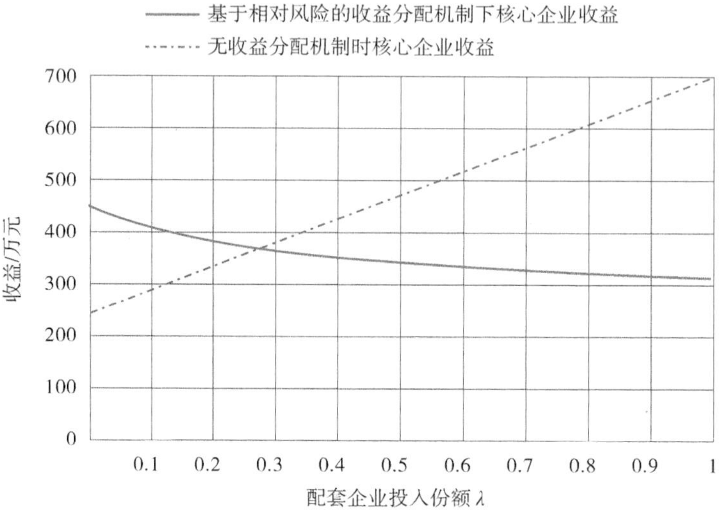

图 5-6　π_2^r 与 π_2^s 的比较

图 5-5 表明，对于配套企业而言，在基于相对风险分担的收益分配机制下，随着配套企业投入份额的增加，配套企业的收益呈上升趋势；而在无收益分配机制的情况下，随着配套企业投入份额的增加，配套企业的收益不断减少，当 $\lambda \geqslant 0.78$ 时，配套企业的收益为负，即此时配套企业不会选择参与协同创新。另外，当 $\lambda \geqslant 0.26$ 时，有 $\pi_1^r > \pi_1^s$，即在基于相对风险分担的收益分配机制下，配套企业的收益高于无收益分配机制时的收益，且随着配套企业投入份额的增加，配套企业获得的收益也会不断增加。因此，基于相对风险分担的收益分配机制对配套企业而言更加有利，可以激励配套企业在参与协同创新时积极投入。

图 5-6 表明，对于核心企业而言，在基于相对风险分担的收益分配机制下，随着配套企业投入份额的增加，核心企业的收益呈下降趋势；而在无收益分配机制的情况下，随着配套企业投入份额的增加，核心企业的收益会不断增加。另外，当 $\lambda \geqslant 0.26$ 时，有 $\pi_2^r < \pi_2^s$，即在基于相对风险分担的收益分配机制下，核心企业的收益低于无收益分配机制时的收益，且随着配套企业投入份额的增加，核心企业获得的收益也会不断降低。因此，基于相对风险分担的收益分配

机制不会分配给核心企业更多的收益，但是该机制可以通过激励配套企业增加投入来减少核心企业的投入，并且仍然会令核心企业获得高于未创新时的收益，这就在保证了企业双方收益的同时也促进了协同创新顺利进行。

5.4.3.2　与平均分配时收益的比较

在基于相对风险分担的收益分配机制下，分别将配套企业所得收益和核心企业所得收益与平均分配时企业双方的收益情况进行比较，结果如图 5-7 和图 5-8 所示。

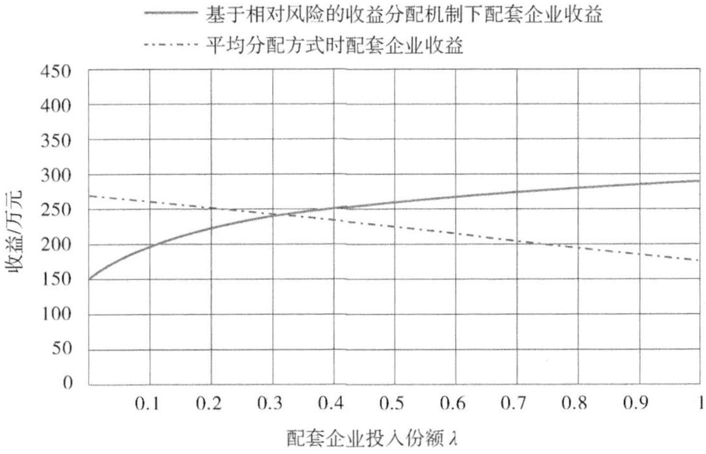

图 5-7　π_1^r 与 π_1^e 的比较

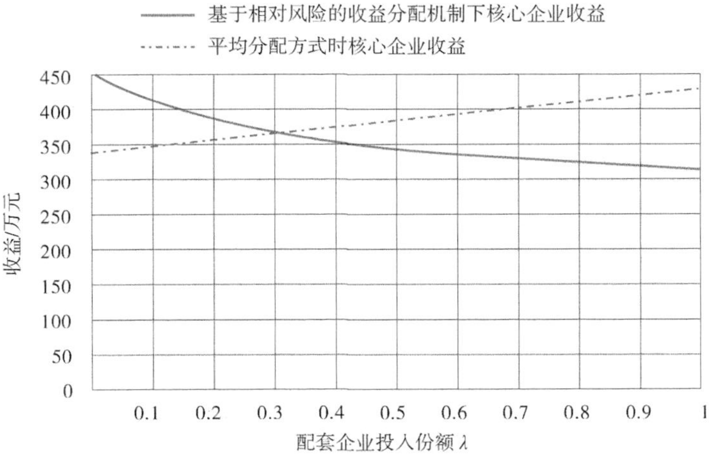

图 5-8　π_2^r 与 π_2^e 的比较

图 5-7 表明，对于配套企业而言，在基于相对风险分担的收益分配机制下，随着配套企业投入份额的增加，配套企业的收益呈上升趋势；而在平均分配方式下，随着配套企业投入份额的增加，配套企业的收益呈下降趋势。另外，当 $\lambda \geqslant 0.30$ 时，有 $\pi_1^r > \pi_1^e$，即在基于相对风险分担的收益分配机制下，配套企业的收益高于平均分配时的收益，且随着配套企业投入份额的增加，配套企业获得的收益也会不断增加。因此，基于相对风险分担的收益分配机制对配套企业而言更加有利，可以激励配套企业在参与协同创新时增加投入。

图 5-8 表明，对于核心企业而言，在基于相对风险分担的收益分配机制下，随着配套企业投入份额的增加，核心企业的收益呈下降趋势；而在平均分配方式下，随着配套企业投入份额的增加，核心企业的收益会不断增加。另外，当 $\lambda \geqslant 0.30$ 时，有 $\pi_2^r < \pi_2^e$，即在基于相对风险分担的收益分配机制下，核心企业的收益低于平均分配时的收益，且随着配套企业投入份额的增加，核心企业获得的收益也会不断降低。因此，基于相对风险分担的收益分配机制不会分配给核心企业更多的收益，但是该机制可以通过激励配套企业增加投入来减少核心企业的投入，并且仍然会给予核心企业高于其未创新时的收益，进而在保证了企业双方收益的同时也促进了协同创新的进行。

5.4.3.3 与按投入比例分配时收益的比较

在基于相对风险分担的收益分配机制下，分别将配套企业所得收益和核心企业所得收益与按投入比例分配机制时企业双方的收益情况进行比较，结果如图 5-9 和图 5-10 所示。

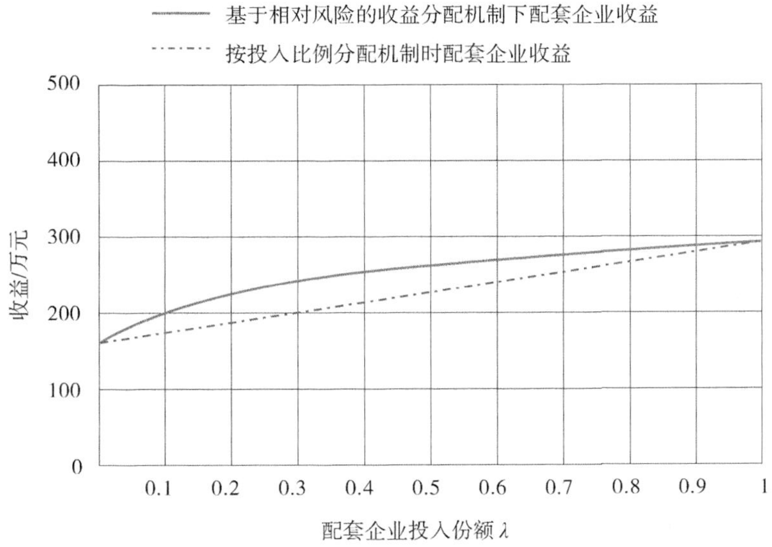

图 5-9　π_1^r 与 π_1^i 的比较

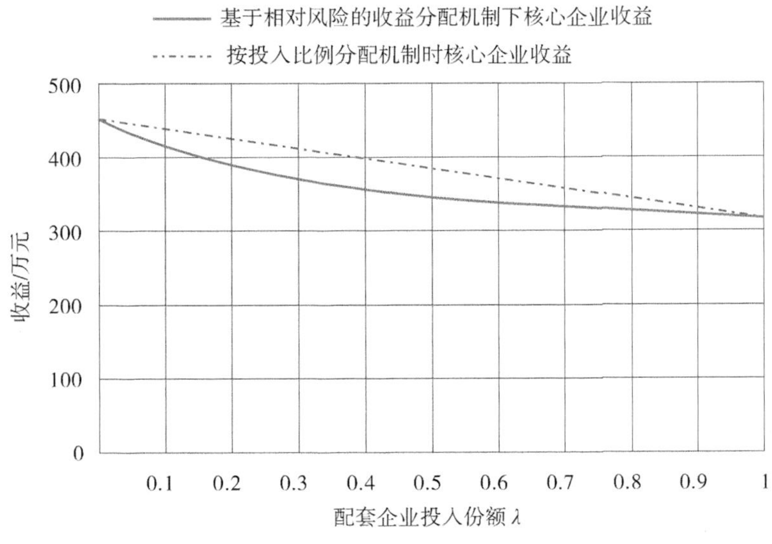

图 5-10　π_2^r 与 π_2^i 的比较

图 5-9 表明，对于配套企业而言，在基于相对风险分担的收益分配机制下和按投入比例分配机制下，随着配套企业投入份额的增加，配套企业的收

益均呈上升趋势。同时，在基于相对风险分担的收益分配机制下，配套企业所得收益一直高于其在按投入比例分配机制下所得收益。图 5-10 表明，在这两种收益分配机制下，随着配套企业投入份额的增加，核心企业的收益均呈下降趋势。同时，在基于相对风险分担的收益分配机制下，核心企业所得收益一直低于其在按投入比例分配机制下所得收益。因此，不管配套企业做出何种投入，基于相对风险分担的收益分配机制分配给配套企业的收益均大于其在按投入比例分配机制下所得收益，表明基于相对风险分担的收益分配机制可以通过给予更高的收益来激励配套企业参与协同创新的积极性，同时，也能够保证核心企业在参与协同创新后的收益依旧高于未创新时的收益，进而促进了两企业的协同创新。

综合图 5-5~图 5-10 可以发现，当需要配套企业投入占总投入比例较高时，基于相对风险的收益分配机制会按照企业双方承担的相对风险大小来分配收益，配套企业承担的相对风险较高，其所得收益也较其他分配机制下的收益高。同时，该机制可以保证给予核心企业高于其未创新时的收益。这不仅保证了协同创新可以顺利进行，消除了配套企业由于分担的相对风险较高却不能得到相应收益所导致的不满，也起到了激励配套企业增加投入的作用。因此，当协同创新需要配套企业的投入占总投入的比例较大时，采用基于相对风险分担的收益分配机制更加合理，该机制不仅能够增强企业双方参与协同创新的意愿，而且可以按照企业双方分担的相对风险大小来合理分配收益。

5.4.4 风险承受能力对收益的影响

假设核心企业的风险承受能力一定，当配套企业的风险承受能力产生变化时，即当配套企业的风险承受能力与核心企业的风险承受能力的比值发生变化时，收益情况就会产生变化。因为在基于相对风险分担的收益分配机制下和按投入比例分配机制下企业双方可接受的达成协同创新的 P 的阈值相同，所以为了控制变量，来研究企业的风险承受能力对收益的影响，在此选取基于相对风险分担的收益分配机制与按投入比例分配机制做对比，分别取两企业风险承受能力的比值 u_1/u_2 为 0.25、0.5 和 0.75，比较配套企业与核心企业在这三种情况下收益的变化，分别如图 5-11～图 5-13 所示。

对图 5-11～图 5-13 进行比较不难发现，两企业风险承受能力的比值 u_1/u_2 越小时，即配套企业与核心企业的风险承受能力差距越大时，核心企业与配套企业在两种收益分配机制下收益的差距越大，而配套企业在基于相对风险分担的收益分配机制下所得的收益较高，核心企业在按投入比例分配机制下的收益较高。这说明当配套企业承担的相对风险比较大时，基于相对风险分担的收益分配机制可以分配给配套企业相对应较高的收益，从而很好地保护了配套企业的利益。因此，配套企业的风险承受能力与核心企业的风险承受能力差距越大时，采取基于相对风险分担的收益分配机制越能够起到保护和激励配套企业的效果。

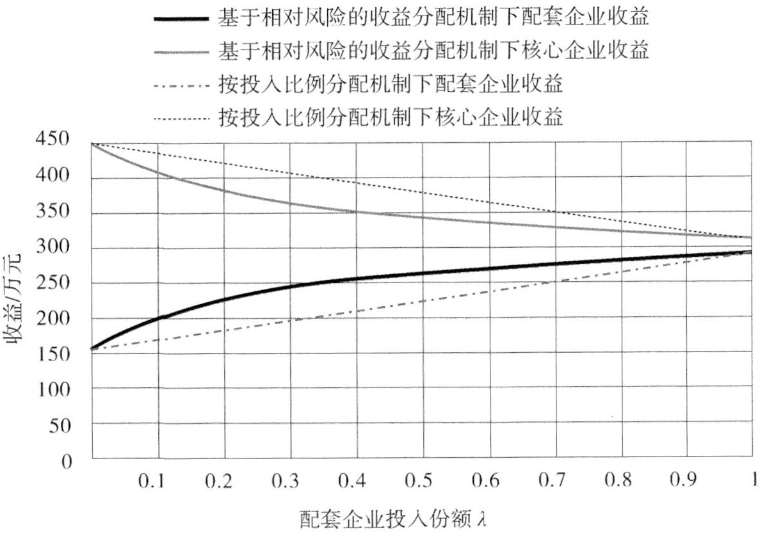

图 5-11　$u_1/u_2=0.25$ 时两企业收益的比较

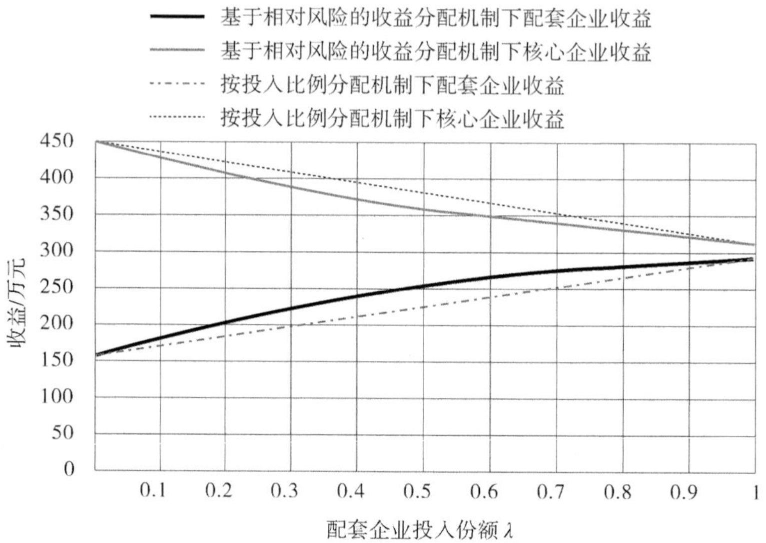

图 5-12　$u_1/u_2=0.5$ 时两企业收益的比较

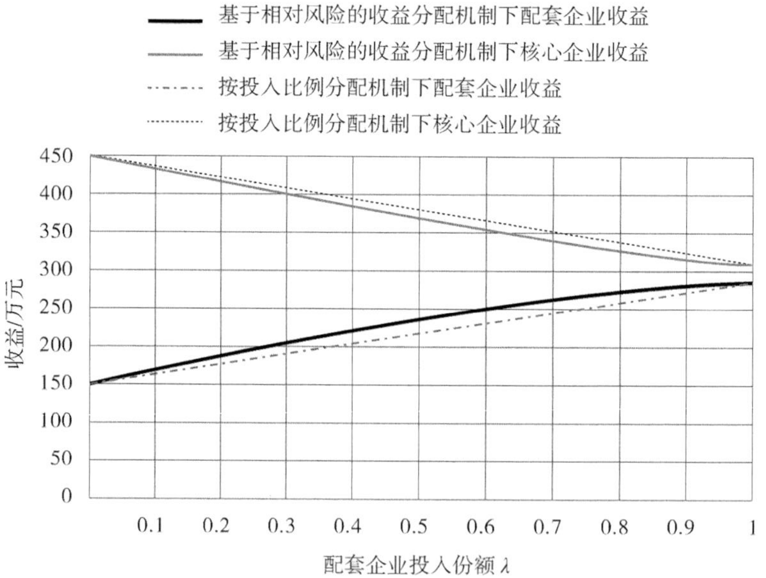

图 5-13　$u_1/u_2=0.75$ 时两企业收益的比较

5.4.5　结果总结与方法应用

5.4.5.1　分析结果总结

通过算例分析，在对本章收益分配机制的模型及效果评价所得结论进行验证的基础上，可以进一步得到如下结果：

（1）相比于未引入收益分配机制和平均分配机制的情况，在基于相对风险分担的收益分配机制下，核心企业与配套企业可以在更低的创新成功率下达成协同创新，即双方参与协同创新的意愿更加强烈；而在按投入比例分配机制下，两企业参与协同创新的意愿与基于相对风险分担的收益分配机制下相同。

（2）相比于无收益分配机制、平均分配机制和按投入比例分配机制核心企业与配套企业的收益情况，在基于相对风险分担的收益分配机制下，配套企业会获得更多的收益，同时该机制也会给予核心企业高于未创新时的收益。说明基于相对风险分担的收益分配机制在按照企业分担的相对风险合理分配收益的基础上，能够以更高的收益激励配套企业积极参与协同创新。

（3）相比于另外三种情况，当协同创新需要配套企业投入占比较大时，基于相对风险的收益分配机制对配套企业参与协同创新的激励作用更加明显，同时也更加凸显了该收益分配机制的合理性。

（4）核心企业和配套企业的风险承受能力差距的大小对企业双方的收益情况会产生影响，两企业风险承受能力的差距越大，企业双方所得收益的差距就会越大，此时采用基于相对风险分担的收益分配机制去分配收益对配套企业就越有利，该机制以高于其他分配方式的收益来激励配套企业协同创新的积极性，同时在一定程度上可以对风险承受能力较弱的配套企业起到保护的作用。

5.4.5.2 方法的应用与实施

本章在以上几个小节中对集群供应链内核心企业与配套企业协同创新的收益分配问题进行了分析与讨论，并设计了一个基于相对风险分担的收益分配机制，为实际中核心企业与配套企业间协同创新的收益分配问题提供了一种新的思路与方法。本书的收益分配机制在实际操作中，可以按照如下过程来实施：

（1）核心企业与配套企业共同制定收益分配的原则。例如公平合理的原则、科学原则、信息透明化原则等，提前制定好收益分配的原则，在一定程度上可以避免协同创新过程中产生的一系列纠纷问题。

（2）对基于相对风险分担的收益分配机制所需的相关要素进行识别与评价。在协同创新之前，需要对协同创新项目本身的风险进行评估，并按照统一的标准对企业自身的风险承受能力进行评价，以保证收益分配机制的合理性，在这个过程中，务必保证成员企业之间信息真实透明。

（3）收益分配机制在具体实施的过程中不断进行修正。协同创新期间实际情况的复杂性会使各种因素发生变化，这就会导致之前制定的收益分配机制存在一些不合理的地方，此时就要求核心企业与配套企业共同协商对收益分配机制进行调整，以满足实际变化的需求以及收益分配机制的合理性。

在收益分配机制的实施过程中，复杂的实际情况会导致各种问题的产生，为了尽可能地避免问题的出现，使收益分配机制成功实施，必须注意以下几个问题：

（1）核心企业与配套企业对于收益分配方法的选择以及对收益分配方案的制订原则必须协调达成一致，这是成功实施收益分配机制必要的前提条件。

（2）在收益分配机制实施过程中，核心企业与配套企业之间必须及时沟通协调，不断修正收益分配机制，时刻保证收益分配机制的动态合理性，避免出现由于实际情况的变化使收益分配机制产生不公而导致企业不满的情况。

（3）核心企业与配套企业在沟通协调的过程中必须保证信息真实可靠，确保信息透明化，只有这样企业之间才能彼此信任，为协同创新顺利稳定运行奠定基础。

5.5　本章结论

本章通过构建核心企业与配套企业协同创新的斯坦伯格博弈模型，得到两企业进行协同创新的最优投入及创新带来的总收益增加量。考虑到两企业承担相对风险的不同对协同创新的影响，提出基于相对风险分担的收益分配机制对最优总收益增加量进行分配。通过将该机制与无收益分配机制、平均分配机制和按投入比例分配机制的收益情况进行比较，对基于相对风险分担的收益分配机制的激励效果做出了评价，最后通过数值分析进行了方法验证。研究结果表明：

（1）相比于无收益分配机制和平均分配机制的情况，在基于相对风险分担的收益分配机制下，核心企业与配套企业可以在更低的创新成功率下达成协同创新，即双方参与协同创新的意愿更加强烈；而在按投入比例分配机制下，两企业参与协同创新的意愿与基于相对风险分担的收益分配机制下相同。

（2）相比于另外三种情况，基于相对风险分担的收益分配机制能够按照企业双方分担的相对风险大小来合理分配收益，对于风险承受能力较弱的配套企业，该机制给其分配的收益更高，从而对配套企业参与协同创新起到了更好的激励作用。

（3）相比于另外三种情况，当协同创新需要配套企业投入占总投入的比值较大时，基于相对风险分担的收益分配机制对配套企业参与协同创新的激励作用更加明显，同时也凸显了该收益分配机制能够在一定程度上起到保护弱势企业的作用。

（4）配套企业的风险承受能力与核心企业的风险承受能力差距越大，采取基于相对风险分担的收益分配机制越能够起到保护和激励中小型配套企业的作用。总之，基于相对风险分担的收益分配机制不仅能够增强企业双方参与协同创新的意愿，而且可以按照企业双方承担的相对风险大小来合理分配收益，能够更好地达到激励两企业参与协同创新并激励配套企业积极投入的目的。

结 论

本书研究了集群供应链中企业协同创新的收益分配机制问题。研究中重点关注了企业在创新过程中所承担风险与所获得收益的匹配程度。发现往往由于集群供应链中核心企业与配套企业在风险承受能力上的不同，导致即使在协同创新中面对同样风险时，其各自所承担的实际风险也有很大不同，风险承受能力较弱的配套企业通常承担着更大的风险。针对该问题，本书首先对现有相关理论文献进行了总结梳理，在此基础上，研究了集群供应链中企业的协同创新项目风险度量方法体系和企业的创新风险承受能力度量方法体系。基于这两项研究针对集群供应链企业协同创新的收益分配问题，提出了基于相对风险分担的收益分配机制，并对该分配机制的效果进行了分析评价。该分配机制为企业协同创新的收益分配问题提供了新的分配方法和依据，在创新企业风险承受能力差别较大和需要配套企业投入较多时能够更加准确地反映风险与收益之间的匹配关系，从而更好地激励弱势企业，提高协同创新绩效，为集群供应链企业协同创新的收益分配提供了较好的决策参考。

1. 主要研究结论

(1) 研究了集群供应链企业协同创新项目的风险度量。首先，对集群供应链企业协同创新的可能风险来源进行分析，并在此基础上结合前人的相关研究与实地调研成果，归纳出完善、合理的风险评价指标体系。其次，构建了基于组合赋权的物元可拓模型，将层次分析法和熵值法组合分别用于主观、客观赋权，并利用非线性规划求最优解的方法计算得出综合权重值。最后，结合实际的协同创新项目进行了应用研究，对项目风险进行了度量，并给出了相应的风险应对和控制策略。

（2）研究了集群供应链企业的创新风险承受能力度量。首先，在前人研究基础上，构建了创新风险承受能力评价指标体系。从外部环境、公司治理、财务状况、风险经历及应对措施这几个方面进行了影响因素的识别和评价指标的选择，并通过相关系数法对指标进行筛选。其次，在此基础上，采用多层次模糊综合评价法对企业的创新风险承受能力进行评价。并利用主客观组合赋权的方法确定指标权重，建立了基于组合赋权的模糊综合评价模型。最后，结合实际企业进行了应用研究，对该企业的创新风险承受能力进行了度量，并给出了提高该企业创新风险承受能力的对策与建议。

（3）构建了基于相对风险分担的收益分配机制。首先，通过构建核心企业与配套企业协同创新的斯坦伯格博弈模型，得到两企业进行协同创新的最优投入及创新带来的总收益增加量。其次，考虑企业在创新中的风险承受能力不同，提出基于相对风险分担的收益分配机制对最优总收益增加量进行分配。最后，通过将该机制与其他分配机制进行比较，对基于相对风险分担的收益分配机制的效果做出了评价。评价结果发现：相对而言，基于相对风险分担的收益分配机制可以使企业在更低的协同创新预期成功率下，投入协同创新；基于相对风险分担的收益分配机制对风险承受能力较弱的配套企业给予分配的收益更高，从而对配套企业参与协同创新起到了更好的激励作用；当协同创新需要配套企业投入占总投入的比值较大时，基于相对风险分担的收益分配机制对配套企业参与协同创新的激励作用更加明显；配套企业的风险承受能力与核心企业的风险承受能力差距越大，采取基于相对风险分担的收益分配机制越能够起到保护和激励中小型配套企业的作用。

2. 主要创新点

（1）从集群供应链和协同创新视角提出了对企业技术创新项目进行风险评价和度量的方法体系。在评价指标方面，该方法体系在现有研究的基础上注重从协同创新而非单个企业的技术创新视角进行研究。考虑了集群供应链上下游两个及以上企业间行为活动和集群整体情况等因素给技术创新项目带来的风险，使指标体系更具针对性。在评价模型方面，该方法体系对物元可拓度量模型进行了改进。用层次分析与熵值法结合的主客观组合赋权方法改进了原有单纯依赖主观赋权的物元可拓度量模型。这样既结合了专家的主观经验，又避免了赋权结果主观性过强而客观性不足的弊端，从而使度量结果更加科学、准确。

（2）从集群供应链和创新风险的视角提出了对企业风险承受能力进行评价和度量的方法体系。在评价指标方面，该方法体系在现有研究的基础上，有针对性地考虑了创新风险的特点以及集群供应链大环境对链上企业风险承受能力的影响。在评价模型方面，该方法体系根据风险承受能力的特点，建立了基于组合赋权的模糊综合评价模型。该模型可以较为科学地度量集群供应链企业创新风险承受能力的综合水平，并能较为准确地归类得出提高企业创新风险承受能力的影响因素，以及对企业创新风险承受能力产生负面影响的因素。

（3）从企业承担的相对风险视角提出了基于相对风险分担的集群供应链企业协同创新收益分配机制。由于不同企业在风险承受能力上的差别，所以即使面对相同风险，不同风险承受能力的企业所承担的实际风险也是不同的。相对风险是指相对于企业风险承受能力而言，企业所承担的实际风险。基于相对风险分担的收益分配机制主张按照企业在协同创新中所承担的相对风险大小来对创新收益进行分配。这样可以使企业在协同创新中所担风险与所获收益得到更好的匹配。研究发现，该机制可以增强企业双方参与协同创新的意愿，还可以在协同创新中保护小企业的同时激励它们更加积极地投入创新中。

3. 有待进一步研究的问题

本书对集群供应链上企业协同创新的收益分配问题进行了研究，也取得了一些研究成果。但是产业集群以及包含其中的集群供应链是十分复杂的企业综合体，关于这些企业之间的协同创新或者合作研发还有许多问题有待研究。以本书为基础可以进一步深入研究的问题主要包括以下两个方面：

（1）本书只是针对集群供应链中两个企业的协同创新进行了研究。但集群供应链是由众多企业共同组成的企业关系网络。这些企业之间的协同创新或者合作研发往往会形成以集群供应链网络为基础的企业合作创新网络。因此集群供应链企业合作创新网络的形成、网络结构、网络演化以及网络稳定性等问题都是可以继续深入研究的问题。

（2）本书提出的基于相对风险分担的收益分配机制只是针对两个企业的协同创新问题。下一步可以通过对该收益分配机制的改进和完善，进一步将其拓展到集群供应链企业的合作创新网络上，从而得到更具普适性和一般性的创新收益分配机制。

参考文献

[1] PORTER M E. Cluster and the New Economics of Competition [J]. Harvard Business Review, 1998, 76 (6): 77-90.

[2] HUMPHREY J, SCHMITZ H. How do Insertion in Global Value Chains Affect Upgrading in Industriat Cluster [J]. Regional Studies, 2002, 36 (9): 1017-1027.

[3] FU RenLin, MICHAEL J. Reengineering the Order Fulfillment Process in Supply Chain Network [J]. The International Journal of Flexible Manufacturing Systems, 1998, 10 (3): 197-229.

[4] Deloitte Consulting. Energizing the Supply Chain: Trends and Issues in Supply Chain Management [R]. Deloitte Consulting LLC, 1999.

[5] 黎继子，刘春玲. 集群供应链的界定和表征研究 [J]. 软科学，2006 (5): 4-8.

[6] 赵广华. 产业集群供应链协同管理体系构建 [J]. 科技进步与对策，2010，27 (18): 53-56.

[7] 易永锡. 信息外溢视角下集群供应链企业创新动态博弈 [J]. 商业研究，2011 (2): 117-121.

[8] 杨瑾. 复杂产品制造业集群供应链系统组织模式研究 [J]. 科研管理，2011，32 (1): 153-160.

[9] 李芳，邱俊茹. 中小型企业集群供应链协同管理的研究 [J]. 工业技术经济，2011，30 (4): 84-89.

[10] 潘文安，杨娟. 集群供应链网络组织治理模式与治理机制研究［J］. 商业研究，2012（7）：117-124.

[11] 蔡彬清，陈国宏. 复杂网络视角下链式产业集群竞争优势分析：以柳市低压电器产业集群为例［J］. 经济地理，2012，32（10）：83-88.

[12] 詹浩勇. 商贸流通业集聚对制造业转型升级的作用机理：基于集群供应链网络竞合的视角［J］. 中国流通经济，2014，28（9）：59-65.

[13] 左志平，刘春玲，黎继子. 产业集群供应链生态合作绩效影响因素实证研究［J］. 科学学与科学技术管理，2015，36（5）：32-41.

[14] 吉敏，胡汉辉. 创新意愿、集群供应链网络关系强度与企业创新绩效关系研究：基于常州产业集群的实证研究［J］. 科技管理研究，2015，35（19）：165-170.

[15] 王丽丽，陈国宏. 供应链式产业集群技术创新博弈分析［J］. 中国管理科学，2016，24（1）：151-158.

[16] 种法辉，陈丽华，郝兆伟. 基于集群供应链环境的企业选址问题研究［J］. 商业研究，2015（3）：161- 169.

[17] 陆球英. 集群供应链视角下流通产业发展模式构建［J］. 商业经济研究，2017（12）：157-159.

[18] 朱海波，李向阳. 集群供应链跨链间库存协作模型［J］. 系统管理学报，2013，22（1）：74-84.

[19] 周兴建，黎继子，谢少安. 集群供应链中的物流价值链优化［J］. 中国流通经济，2011，25（4）：34-37.

[20] 张哲. 基于产业集群理论的企业协同创新系统研究［D］. 天津：天津大学，2009.

[21] 解学梅，曾赛星. 创新集群跨区域协同创新网络研究述评［J］. 研究与发展管理，2009，21（1）：9-17.

[22] COOKE P，SCHIENSTOCK G. Structural Competitiveness and Learning Regions

[J]. Enterprise & Innovation Management Studies, 2010, 1 (3): 265-280.

[23] 王巾. 产业集群和区域创新体系耦合研究: 以台州为例 [J]. 企业经济, 2011 (8): 105-107.

[24] 陈劲. 协同创新与国家科研能力建设 [J]. 科学学研究, 2011 (12): 1762-1768.

[25] 吕静, 卜庆军, 汪少华. 中小企业协同创新及其模型分析 [J]. 科技进步与对策, 2011, 28 (3): 81-85.

[26] 蒋石梅, 张爱国, 孟宪礼. 产业集群产学研协同创新机制: 基于保定市新能源及输变电产业集群的案例研究 [J]. 科学学研究, 2012 (2): 207-212.

[27] 周志太. 基于经济学视角的协同创新网络研究 [D]. 长春: 吉林大学, 2013.

[28] 阳银娟. 知识伙伴对企业创新绩效的影响研究 [D]. 杭州: 浙江大学, 2015.

[29] KIM B. Coordinating an Innovation in Supply Chain Management [J]. European Journal of Operational Research, 2000, 123 (5): 568-584.

[30] BELLO D C, LOHTIA R, SANGTANI V. An Institutional Analysis of Supply Chain Innovations in Global Marketing Channels [J]. Industrial Marketing Management, 2004, 33 (1): 57-64.

[31] MARK B. Understanding the Meaning of Collaboration in the Supplychain [J]. Supply Chain Management: An International Journal, 2004, 9 (1): 30-42.

[32] 何勇, 赵林度, 何炬, 等. 供应链协同创新管理模式研究 [J]. 管理科学, 2007 (5): 9-13.

[33] 张旭梅, 张巍, 钟和平, 等. 供应链企业间的协同创新及其实施策略研究 [J]. 现代管理科学, 2008 (5): 9-11+115.

[34] 张巍. 供应链企业间的协同创新模型研究 [D]. 重庆: 重庆大学, 2009.

[35] 蔡猷花, 陈国宏, 向小东. 集群供应链链间技术创新博弈分析 [J]. 中国管理科学, 2010, 18 (1): 72-77.

[36] 王丽梅, 韩明华. 供应链企业间协同创新研究: 基于知识共享的视角 [J]. 现代情报, 2013, 33 (10): 29-32+37.

［37］杜欣，邵云飞．集群核心企业与配套企业的协同创新博弈分析及收益分配调整［J］．中国管理科学，2013，21（S2）：745-750.

［38］吕璞，林莉．基于开放式创新的供应链企业协同创新模型研究［J］．科技管理研究，2014，34（1）：197-200.

［39］岳鹄，朱怀念．核心企业与配套企业协同创新的演化博弈仿真分析［J］．工业工程，2015，18（3）：48-54.

［40］张英华，彭建强．供应链协同创新绩效评价指标体系构建［J］．社会科学家，2016（10）：71-75.

［41］陆杉，龚潇潇．供应链协同创新、关系资本与供应链绩效关系研究［J］．中南大学学报（社会科学版），2016，22（6）：102-107.

［42］周华，周水银．基于顾客价值的供应链企业协同创新研究［J］．管理学报，2016，13（10）：1557-1562+1578.

［43］SHERALI H D，SUBRAMANIAN S. Opportunity Cost-Based Models for Traffic Incident Response Problems［J］. Journal of Transportation Engineering，1999，125（3）：176-185.

［44］陆立军，郑小碧．试论集群式创新的风险与控制［J］．科学学与科学技术管理，2008（10）：78-82.

［45］李晓峰，徐玖平．基于物元与可拓集合理论的企业技术创新综合风险测度模型［J］．中国管理科学，2011（3）：103-110.

［46］郭韧，李朝明．企业协同知识创新的风险识别与评价［J］．运筹与管理，2011（3）：181-185.

［47］张琼瑜，李武武．基于理论的产业集群协同创新动力机制构建［J］．商业时代，2012（1）：115-116.

［48］杜欣，邵云飞，钱航．集群领先企业与跟随企业的协同创新过程模型［J］．技术经济，2012（10）：33-37.

［49］杨道现．学科集群和产业集群协同创新能力评价方法研究［J］．科技进步与

对策，2012（23）：132-136.

[50] 欧光军. 产业集群视角下高新区协同创新能力评价与实证研究［J］. 科技进步与对策，2013（7）：123-129.

[51] 沈云慈. 产学研协同创新风险指标体系探析［J］. 教育发展研究，2014（9）：46-51.

[52] 胡文广. 基于可拓物元模型的产业集群协同创新风险评价研究［D］. 武汉：武汉理工大学，2014.

[53] 唐丽艳，王然，王国红. 基于相继故障的集群协同创新网络风险评价研究［J］. 科技进步与对策，2015，14：59-64.

[54] 葛秋萍，汪明月. 产学研协同创新技术转移风险评价研究：基于层次分析法和模糊综合评价法［J］. 科技进步与对策，2015，10：107-113.

[55] 刘利平，江玉庆. 企业合作技术创新的风险识别及评价［J］. 科技管理研究，2017，37（5）：83-87.

[56] 刘学理，王兴元. 高科技品牌生态系统的技术创新风险评价［J］. 科技进步与对策，2011，28（8）：115-118.

[57] 尹作亮. 中小企业技术创新风险评价指标体系研究［J］. 中央财经大学学报，2011（10）：78-81.

[58] JOHNSON M E. Learning From Toys：Lessons in Managing Supply Chain Risk from the Toy Industry［J］. California Management Review，2001，43（3）：106-124.

[59] 刘荣，汪克夷. 企业合作创新风险的多层次模糊综合评价模型及应用［J］. 科技与管理，2009，11（4）：132-135.

[60] 牟小俐，刘坤荣. 熵权模糊综合评判法在组织创新风险评价中的应用［J］. 科技管理研究，2009，29（1）：158-161.

[61] 康燕燕. 基于模糊综合评判的企业信息化项目风险评价模型［J］. 技术经济与管理研究，2009（5）：28-30.

[62] 田依林. 基于模糊综合评判法的企业知识创新风险评价研究［J］. 科技进步

与对策，2010（8）：149-152.
[63] 王平，朱帮助. 企业自主创新项目风险评价模型与实证研究［J］. 科技管理研究，2011，31（6）：15-18.
[64] 陈建新，资明贵，刘志龙. BP 神经网络在企业技术创新风险评价中的应用［J］. 科技管理研究，2007，10：88-91.
[65] 肖玲诺，史建锋，孙玉忠. 基于 BP 神经网络的产学研知识创新联盟风险评价研究［J］. 中国软科学，2011，12：173-179.
[66] KUCHTA D. Use of Fuzzy Numbers in Project Risk（criticality）Assessment［J］. International Journal of Project Management，2001，19（5）：305-310.
[67] 庞庆华. 基于灰色理论的企业技术创新能力综合评价模型［J］. 科技管理研究，2007，12：113-115+118.
[68] 梁威. 企业技术创新项目风险的层次灰色综合评价方法［J］. 科技管理研究，2009，12：116-118.
[69] 陈振斌，张庆普. 基于模糊神经网络的企业知识管理风险评价［J］. 科学学研究，2008（4）：773-778.
[70] 索贵彬，赵国杰. 基于灰色可拓物元模型的企业技术创新风险度量研究［J］. 科学管理研究，2008（1）：14-17.
[71] 杨璐. 基于模糊灰色评价法的技术创新风险评价［J］. 会计之友，2015，20：44-48.
[72] 佟林杰. 企业技术协同创新风险测评及控制研究［D］. 秦皇岛：燕山大学，2015.
[73] 钱振伟，张艳，高冬雪. 基于模型选择方法的农业巨灾风险承受能力评估［J］. 财经科学，2014（5）：131-140.
[74] 潘琰，胡海全. 企业风险承受能力应当如何评价：指标体系构建与评价方法的探讨［J］. 福州大学学报（哲学社会科学版），2013，27（1）：39-46.
[75] HARA C，HUANG J，KUZMICS C. Representative Consumer's Risk Aversion and

Efficient Risk-sharing rules [J]. Journal of Economic Theory, 2007, 37 (1): 652-672.

[76] KWAK Y H, LAPLACE K S. Examining Risk Tolerance in Project-driven Organization [J]. Techovation, 2009, 25 (6): 691-695.

[77] 田永强. 粮棉企业风险承受能力的灰色综合评价 [J]. 统计与决策, 2005 (8): 154-155.

[78] 潘勤华, 张锡锋, 章进艺. 浙江纺织产业集群抗风险能力评价及对策 [J]. 同济大学学报 (自然科学版), 2011, 39 (11): 1720-1724.

[79] 陈伟, 周文, 郎益夫. 集聚结构、中介性与集群创新网络抗风险能力研究: 以东北新能源汽车产业集群为例 [J]. 管理评论, 2015, 27 (10): 204-217.

[80] GWYNNE, et al. Industrial Symbiosis: A Handbook of Industrial Ecology [C]. Cheltenham: Edward Elgar, 2009.

[81] 王发明, 于志伟. 区域循环经济系统抗风险能力研究: 基于网络关系的视角 [J]. 科研管理, 2015, 36 (4): 101-108.

[82] 王娇俐, 王文平, 沈秋英. 基于风险传播机制的集群抗风险能力研究 [J]. 大连理工大学学报 (社会科学版), 2012, 33 (1): 60-64.

[83] 马晓强, 韩锦绵. 我国农业抗风险能力研究 [J]. 经济纵横, 2009 (11): 83-85.

[84] 顾永红, 杨五洲. 农民工社会风险识别与抗风险能力评估 [J]. 中南财经政法大学学报, 2010 (1): 40-45.

[85] 戴胜利. 企业营销系统抗风险能力测度方法研究 [J]. 华东经济管理, 2008 (7): 147-151.

[86] 蒋丹, 肖东生. 基于二阶 DEA 模型的金融风险承受能力评价研究 [J]. 中国管理信息化, 2014, 17 (18): 96-99.

[87] 宋晓华, 敖云娜, 刘金朋, 等. DEA 协同 HLM 模型的风电上市公司投资效率研究 [J]. 工业技术经济, 2018, 37 (2): 22-31.

[88] 方炜, 杨步. 基于 DEA 方法的企业绿色供应链运营效率评价研究 [J]. 工业

技术经济，2017，36（12）：19-26.

[89] 王秀贞，丁慧平，胡毅. 基于DEA方法的我国中小企业融资效率评价 [J]. 系统工程理论与实践，2017，37（4）：865-874.

[90] 王谦，李超. 基于三阶段DEA模型的我国财政支农支出效率评价 [J]. 财政研究，2016（8）：66-77+90.

[91] HAIMES. On the Definition of Vulnerabilities in Measuring Risks to Infrastructures [J]. Risk Analysis，2006，26（2）：293-296.

[92] ZSCHAU J，KÜPPERS A. Early Warning Systems for Natural Disaster Reduction [M] //TWIGG J. The Human Factor in Early Warnings：Risk Perception and Appropriate Communications. Berlin，Heidelberg：Springer，2003：19-26.

[93] 巴吾尔江，董彦斌，孙慧，等. 基于主成分分析的区域科技创新能力评价 [J]. 科技进步与对策，2012，29（12）：26-30.

[94] 赵玉林，程萍. 中国省级区域高技术产业技术创新能力实证分析 [J]. 商业经济与管理，2013（6）：77-85.

[95] 郑成功，朱祖平. 企业技术创新能力综合评价体系及实证 [J]. 科技管理研究，2007（4）：75-77.

[96] 彭灿，张洪杰，董大壮. 苏、浙、沪三省（市）中小企业技术创新能力的评价与比较研究 [J]. 现代管理科学，2013（10）：24-26.

[97] 梁威. 企业技术创新项目风险的层次灰色综合评价方法 [J]. 科技管理研究，2009，29（12）：116-118.

[98] 吴凤平，陈淼，何帅磊. 基于灰色多层次的国际水电承包项目风险评价研究 [J]. 科技管理研究，2015，35（6）：60-63+79.

[99] 岳意定，李岱. 区域经济投资风险多层次灰色评价研究 [J]. 经济地理，2014，34（1）：42-46.

[100] 何德文，黄真谛. 基于模糊综合评价法的重大工程项目社会风险评价 [J]. 统计与决策，2013（10）：53-56.

[101] 邓爱民，文慧，李红，等. 供应链金融下第三方物流信用评价研究 [J]. 中国管理科学，2016，24 (S1)：564-570.

[102] 王帅，杨培涛，黄庆雯. 基于多层次模糊综合评价的中小企业信用风险评估 [J]. 财经理论与实践，2014，35 (5)：13-17.

[103] 孙晨辉，李富有. 基于 AHP 和模糊综合评价的民间金融风险判定与评估 [J]. 经济管理，2014，36 (2)：136-146.

[104] 张红，张毅，张洋，等. 基于修正层次分析法模型的海岛城市土地综合承载力水平评价：以舟山市为例 [J]. 中国软科学，2017 (1)：150-160.

[105] 徐光，白明莹，田也壮，等. 基于网络层次分析法的技术创新项目评估体系研究 [J]. 科学管理研究，2015，33 (3)：40-43.

[106] 肖永红，张新伟，王其文. 基于层次分析法的我国高新区创新能力评价研究 [J]. 经济问题，2012 (1)：31-34.

[107] 王玉玲，马军海，王晶. 主成分分析法在股票研究中的应用 [J]. 现代管理科学，2009 (11)：63-64+85.

[108] 熊淑艳，刘小艳，桂预风. 主成分分析法在大学生心理素质分析中的应用 [J]. 统计与决策，2006 (2)：143-144.

[109] 邹华，徐玢玢，杨朔. 基于熵值法的我国区域创新能力评价研究 [J]. 科技管理研究，2013，33 (23)：56-61.

[110] 王新红，李世婷. 基于改进熵值法的中国制造业创新驱动能力评价研究 [J]. 商业研究，2017 (1)：27-33.

[111] IYER A V，BERGEN M E. Quick Response in Vinual Enterprise [J]. Management Science，1997，43：559-570.

[112] MORASCH K. Strategic Alliances as Stackelberg Catels-concept and Equilibrium Alliance Structure [J]. International Journal of Industrial Organization，2000，18 (2)：257-278.

[113] 张巍，张旭梅，肖剑. 供应链企业间的协同创新及收益分配研究 [J]. 研究

与发展管理，2008（4）：81-88.
[114] 孟卫东，黄波，李宇雨. 不确定环境下并行研发联盟成员投资策略研究［J］. 科技进步与对策，2009，26（11）：12-15.
[115] 晚春东，谷力群，齐二石. 基于共享契约的供应链合作伙伴收益分配协调机制［J］. 商业研究，2009（5）：117-119.
[116] 桂良军. 协同供应链收益分配的决策模型［J］. 统计与决策，2010（6）：61-63.
[117] 黄波，孟卫东，李宇雨，等. 不确定环境下研发联盟成员投资激励机制研究［J］. 管理工程学报，2010，24（4）：58-65.
[118] 鲍新中，王道平. 产学研合作创新成本分摊和收益分配的博弈分析［J］. 研究与发展管理，2010，22（5）：75-81.
[119] 胡海青，李智俊，张道宏. 基于改进 Raiffa 解的产业集群收益分配策略研究［J］. 经济问题，2011（2）：36-39+48.
[120] 黄波，孟卫东，李宇雨. 基于双边激励的产学研合作最优利益分配方式［J］. 管理科学学报，2011，14（7）：31-42.
[121] 景熠，王旭，李文川. 纵向研发合作的收益分配与成本分担机制研究［J］. 科技进步与对策，2011，28（21）：1-5.
[122] 丁旭，孟卫东，陈晖. 基于技术风险的供应链纵向合作研发利益分配方式研究［J］. 科技进步与对策，2011，28（20）：19-23.
[123] 范波，孟卫东. 不确定环境下行业内合作研发最优分配策略研究［J］. 现代管理科学，2012（4）：30-32+72.
[124] ZHANG S，PANG H，ZHANG M，et al. A Modified Algorithm for the Profit Distribution of the Supply Chain［J］. International Journal of Digital Content Technology & its Applic，2013，7（7）：11-19.
[125] 付秋芳，马健瑛，忻莉燕. 基于 Shapley-RIEP 值的供应链收益分配模型［J］. 统计与决策，2015（2）：52-56.
[126] 苏先娜，谢富纪. 产学合作技术创新策略与收益分配博弈分析［J］. 研究与

发展管理，2016，28（6）：10-18.

[127] 李军，朱先奇，姚西龙，等. 供应链企业协同创新利益分配策略：基于夏普利值法改进模型［J］. 技术经济，2016，35（9）：122-126.

[128] 葛秋萍，汪明月. 基于不对称 Nash 谈判修正的产学研协同创新战略联盟收益分配研究［J］. 管理工程学报，2018，32（1）：79-83.

[129] 李霞，宋素玲，穆喜产. 协同创新的风险分摊与利益分配问题研究［J］. 科技进步与对策，2008，25（12）：15-17.

[130] 黎继子. 集群供应链：创新管理［M］. 北京：科学出版社，2015.

[131] 黎继子，刘春玲，蔡根女. 集群式供应链的链间动态博弈合作决策分析［J］. 管理工程学报，2006（4）：24-28.

[132] GLOOR. Swarm Creativity：Competitive Advantage Through Collaborative Innovation Networks［M］. New York：Oxford University Press Inc，2006.

[133] 汪应洛. 系统工程［M］. 北京：机械工业出版社，2003.

[134] 施锡铨. 合作博弈引论［M］. 北京：北京大学出版社，2012.

[135] 李芹芹，刘志迎. 风险规避对链合创新联盟的决策影响研究［J］. 管理工程学报，2015，29（4）：117-123.

[136] FOX A. Creating Value with Risk Appetite & Risk Tolerance Statements［J］. Financial Executive，2012，28（9）：93.

附　录

附录 A　集群供应链企业协同创新风险度量调查用表

集群供应链中企业协同创新风险因素调查问卷

各位朋友：

您好！

欢迎您百忙之中抽出时间来完成这份调查问卷。我们正在进行一项有关产业集群供应链中企业协同创新风险因素的学术研究，盼您根据真实情况填写，以期找到其中的关键性影响因素指标，烦请各位支持！

注：本调查问卷将匿名填写，不会泄露涉及的个人信息，数据仅用于论文的统计分析，请安心作答。

请根据您的经验，分析相应风险因素对产业集群协同创新项目的影响程度，并对每一个风险因素指标评分。评分标准为：无影响者，评 0；影响作用极弱者，评 (0,2]；影响作用较弱者，评 (2,4]；影响作用一般者，评 (4,6]；影响作用较强者，评 (6,8]；影响作用极强者，评 (8,10]，即评分区间为 [0,10]。

附：点击被选择项后的小方框即可。

一、企业基本情况

1. 贵企业属于核心企业还是供应商？

核心企业 □　　　供应商 □

2. 您在贵企业所属什么部门？

营销 □　　　生产 □　　　财务 □

人事/行政 □　　　技术/研发 □　　　其他 □

3. 您在贵企业担任的职务是什么？

基层管理者 □　　　中层管理者 □　　　高层管理者 □

二、产业集群协同创新风险因素

风险因素	协同创新风险因素指标	影响极弱	影响较弱	影响一般	影响较强	影响极强
外部因素	经济环境波动 c_1					
	集群供应链间产品竞争 c_2					
	产业政策或法律影响程度 c_3					
	知识产权保护情况 c_4					
	用户对产品要求情况 c_5					
集群因素	集群生命周期所处阶段 c_6					
	企业利益分配是否合理 c_7					
	集群供应链中优质企业流出 c_8					
	知识标准统一程度 c_9					
	集群供应链中企业道德风险 c_{10}					
	集群整体竞争力水平 c_{11}					
	集群封闭自守 c_{12}					

续表

风险因素	协同创新风险因素指标	影响极弱	影响较弱	影响一般	影响较强	影响极强
协同创新主体因素	企业中途停止合作 c_{13}					
	企业信誉与知名度 c_{14}					
	主体间创新结构合理程度 c_{15}					
	企业对市场信息的把握 c_{16}					
	各企业创新能力匹配度 c_{17}					
	企业管理能力低 c_{18}					
协同创新资源因素	科技人员实力水平 c_{19}					
	技术成熟程度 c_{20}					
	技术复杂程度与难度 c_{21}					
	技术的可替代性 c_{22}					
	新产品生产周期 c_{23}					
	创新启动资金需求大小 c_{24}					
	信贷资金来源难易程度 c_{25}					

集群供应链中企业协同创新的风险因素层次分析法调查问卷

（用于专家综合评分）

各位朋友：

您好！

欢迎您百忙之中抽出时间完成这份调查问卷。我们正在进行一项有关产业集群供应链中企业协同创新风险影响因素的学术研究，盼您根据真实情况填写，以期找到关键性影响因素指标，烦请各位支持！

注：本调查问卷将匿名填写，不会泄露涉及的个人信息，数据仅用于论文的统计分析，请安心作答。

一、产业集群协同创新风险的指标因素设计

对于影响产业集群协同创新风险的指标因素，设计如下四个方面：

（一）外部因素

外部因素是企业技术创新不可避免的风险来源。包括经济环境的繁荣与萧条、集群供应链间产品竞争的大小、产业政策和法律或支持或限制、知识产权的保护是否良好以及用户对产品要求的程度等，都会对技术创新带来影响。

（二）集群因素

作为有共同目标的产业集群，必然不同于单个企业独自进行技术创新，需考虑整个集群内各企业之间配合的程度以及集群整体所处的状况。例如集群生命周期处于生长期还是衰退期、集群供应链中企业是否能合理分配利益、集群内的优质企业是否愿意长期合作、企业间知识标准是否统一、集群内企业是否因只顾自身利益而缺乏道德、集群整体在行业中的竞争力水平以及该集群是否喜好闭门造车等。集群因素是企业进行技术创新不容小觑的潜在风险来源。

（三）协同创新主体因素

对于产业集群进行协同创新，其主体因素不可忽视。集群内企业朝三暮四甚至中途放弃合作、企业自身知名度的大小、协同创新主体间创新结构是否合理、企业是否能很好地把握市场信息、各企业间是否具有匹配的创新能力以及企业自身是否有良好的管理制度，都是企业进行协同技术创新的风险来源。

（四）协同创新资源因素

在协同创新资源方面也会给企业技术创新带来一定的风险。包括进行技术创新的科技人员的实力水平、技术是否成熟、技术的复杂程度与难度、技术是否容易被替代、新产品生产周期长短、进行技术创新所需的启动资金大小、信贷资金的来源渠道的难易。简单概括协同资源，就是指技术创新过程中的人员、技术和资金，在进行风险因素指标设计中，也应考虑在内。

二、评分依据

问卷采取1~9度标度法，标度含义如下：

标度	含义
$c_{ij}=1$	表示 i 元素与 j 元素相比，重要性相同
$c_{ij}=3$	表示 i 元素与 j 元素相比，前者比后者稍微重要
$c_{ij}=5$	表示 i 元素与 j 元素相比，前者比后者一般重要
$c_{ij}=7$	表示 i 元素与 j 元素相比，前者比后者非常重要
$c_{ij}=9$	表示 i 元素与 j 元素相比，前者比后者特别重要
$c_{ij}=2$，4，6，8	表示上述相邻判断的中间值
c_{ij} 为倒数	表示 i 元素与 j 元素相比，后者比前者的重要性的标度

三、评分步骤

首先对该影响因素的第一层次下的四个因素做两两对比，包括外部因素、集群因素、协同创新主体因素和协同创新资源因素。对比评分值参考上表。

例如：在第一层风险指标重要性两两比较中，“外部因素”比“集群因素”一般重要，则点选5，“外部因素”比“协同创新主体因素”非常重要，则点选7。(仅供参考)

然后分别对第二层次下的相应因素再做两两判断，评分标准同上。

注：点击被选择项下小方框即可。

(一) 第一层风险指标重要性两两比较

风险因素	1	3	5	7	9	7	5	3	1	风险因素
外部因素										集群因素
外部因素										协同创新主体因素
外部因素										协同创新资源因素
集群因素										协同创新主体因素
集群因素										协同创新资源因素
协同创新主体因素										协同创新资源因素

(二) 第二层风险指标重要性两两比较

(1)“外部因素”层次下各风险指标重要性两两比较

风险因素	1	3	5	7	9	7	5	3	1	风险因素
经济环境波动 c_1										集群供应链间产品竞争 c_2
经济环境波动 c_1										产业政策或法律影响程度 c_3
经济环境波动 c_1										知识产权保护情况 c_4
经济环境波动 c_1										用户对产品要求情况 c_5
集群供应链间产品竞争 c_2										产业政策或法律影响程度 c_3
集群供应链间产品竞争 c_2										知识产权保护情况 c_4
集群供应链间产品竞争 c_2										用户对产品要求情况 c_5
产业政策或法律影响程度 c_3										知识产权保护情况 c_4
产业政策或法律影响程度 c_3										用户对产品要求情况 c_5
知识产权保护情况 c_4										用户对产品要求情况 c_5

（2）“集群因素”层次下各风险指标重要性两两比较

风险因素	1	3	5	7	9	7	5	3	1	风险因素
集群生命周期所处阶段 c_6										企业利益分配是否合理 c_7
集群生命周期所处阶段 c_6										集群供应链中优质企业流出 c_8
集群生命周期所处阶段 c_6										知识标准统一程度 c_9
集群生命周期所处阶段 c_6										集群供应链中企业道德风险 c_{10}
集群生命周期所处阶段 c_6										集群整体竞争力水平 c_{11}
集群生命周期所处阶段 c_6										集群封闭自守 c_{12}
企业利益分配是否合理 c_7										集群供应链中优质企业流出 c_8
企业利益分配是否合理 c_7										知识标准统一程度 c_9
企业利益分配是否合理 c_7										集群供应链中企业道德风险 c_{10}
企业利益分配是否合理 c_7										集群整体竞争力水平 c_{11}
企业利益分配是否合理 c_7										集群封闭自守 c_{12}
集群供应链中优质企业流出 c_8										知识标准统一程度 c_9
集群供应链中优质企业流出 c_8										集群供应链中企业道德风险 c_{10}
集群供应链中优质企业流出 c_8										集群整体竞争力水平 c_{11}
集群供应链中优质企业流出 c_8										集群封闭自守 c_{12}
知识标准统一程度 c_9										集群供应链中企业道德风险 c_{10}
知识标准统一程度 c_9										集群整体竞争力水平 c_{11}
知识标准统一程度 c_9										集群封闭自守 c_{12}
集群供应链中企业道德风险 c_{10}										集群整体竞争力水平 c_{11}
集群供应链中企业道德风险 c_{10}										集群封闭自守 c_{12}
集群整体竞争力水平 c_{11}										集群封闭自守 c_{12}

（3）“协同创新主体因素”层次下各风险指标重要性两两比较

风险因素	1	3	5	7	9	7	5	3	1	风险因素
企业中途停止合作 c_{13}										企业信誉与知名度 c_{14}
企业中途停止合作 c_{13}										主体间创新结构合理程度 c_{15}
企业中途停止合作 c_{13}										企业对市场信息的把握 c_{16}

续表

风险因素	1	3	5	7	9	7	5	3	1	风险因素
企业中途停止合作 c_{13}										各企业创新能力匹配度 c_{17}
企业中途停止合作 c_{13}										企业管理能力低 c_{18}
企业信誉与知名度 c_{14}										主体间创新结构合理程度 c_{15}
企业信誉与知名度 c_{14}										企业对市场信息的把握 c_{16}
企业信誉与知名度 c_{14}										各企业创新能力匹配度 c_{17}
企业信誉与知名度 c_{14}										企业管理能力低 c_{18}
主体间创新结构合理程度 c_{15}										企业对市场信息的把握 c_{16}
主体间创新结构合理程度 c_{15}										各企业创新能力匹配度 c_{17}
主体间创新结构合理程度 c_{15}										企业管理能力低 c_{18}
企业对市场信息的把握 c_{16}										各企业创新能力匹配度 c_{17}
企业对市场信息的把握 c_{16}										企业管理能力低 c_{18}
各企业创新能力匹配度 c_{17}										企业管理能力低 c_{18}

（4）“协同创新资源因素”层次下各风险指标重要性两两比较

风险因素	1	3	5	7	9	7	5	3	1	风险因素
科技人员实力水平 c_{19}										技术成熟程度 c_{20}
科技人员实力水平 c_{19}										技术复杂程度与难度 c_{21}
科技人员实力水平 c_{19}										技术的可替代性 c_{22}
科技人员实力水平 c_{19}										新产品生产周期 c_{23}
科技人员实力水平 c_{19}										创新启动资金需求大小 c_{24}
科技人员实力水平 c_{19}										信贷资金来源难易程度 c_{25}
技术成熟程度 c_{20}										技术复杂程度与难度 c_{21}
技术成熟程度 c_{20}										技术的可替代性 c_{22}
技术成熟程度 c_{20}										新产品生产周期 c_{23}
技术成熟程度 c_{20}										创新启动资金需求大小 c_{24}
技术成熟程度 c_{20}										信贷资金来源难易程度 c_{25}
技术复杂程度与难度 c_{21}										技术的可替代性 c_{22}

续表

风险因素	1	3	5	7	9	7	5	3	1	风险因素
技术复杂程度与难度 c_{21}										新产品生产周期 c_{23}
技术复杂程度与难度 c_{21}										创新启动资金需求大小 c_{24}
技术复杂程度与难度 c_{21}										信贷资金来源难易程度 c_{25}
技术的可替代性 c_{22}										新产品生产周期 c_{23}
技术的可替代性 c_{22}										创新启动资金需求大小 c_{24}
技术的可替代性 c_{22}										信贷资金来源难易程度 c_{25}
新产品生产周期 c_{23}										创新启动资金需求大小 c_{24}
新产品生产周期 c_{23}										信贷资金来源难易程度 c_{25}
创新启动资金需求大小 c_{24}										信贷资金来源难易程度 c_{25}

附录 B　集群供应链企业创新风险承受能力度量调查用表

集群供应链企业创新风险承受能力影响因素调查问卷

（用于熵值法与模糊综合评价法）

各位朋友：

您好！

感谢您百忙之中抽出时间来完成这份调查问卷。我们正在进行一项有关产业集群供应链中企业创新风险承受能力影响因素的学术研究，盼您根据真实情况填写，以期找到其中的关键性影响因素指标，烦请各位支持！

注：本次调查采用匿名形式，我们将严格保密您的信息，您可以放心作答。

请根据您的经验，分析相应风险因素对集群供应链企业创新风险承受能力的影响程度，并对每个风险因素指标评分。

评分标准为：对集群供应链企业创新风险承受能力无影响者，评 0；影响作用极弱者，评（0，2]；影响作用较弱者，评（2，4]；影响作用一般者，评（4，6]；影响作用较强者，评（6，8]；影响作用极强者，评（8，10]。请根据您的判断，在相应影响程度表格内进行打分。

	影响程度 影响指标	影响极弱	影响较弱	影响一般	影响较强	影响极强
外部环境	市场需求度					
	集群规模					
	集群内核心、配套企业比率					
	节点企业间信息共享比率					

续表

	影响程度 影响指标	影响极弱	影响较弱	影响一般	影响较强	影响极强
公司治理	企业规模					
	职工技能水平					
	管理人员所做决策科学程度					
	研发部门员工所占比重					
	高学历职工所占比重					
	新产品研发成功率					
	新产品研发周期					
	协同创新能力					
财务状况	资产收益率					
	创新型产品盈利比率					
	利润涨幅					
	偿债能力					
	新产品研发费用比重					
风险经历及应对措施	经历风险种类					
	风险间隔时间					
	风险相对规模					
	对风险做出反应所需时间					
	补救措施的科学程度					

集群供应链企业创新风险承受能力层次分析法调查问卷

(用于专家综合评分)

尊敬的专家：

您好！

我们是大连交通大学的集群供应链企业创新风险承受能力度量项目研究小组。为了确定相关指标权重，需要您提供宝贵的时间完成以下问卷。请您对问卷中提到的两个指标的相对重要性加以比较。

问卷采取 1~9 度标度法，标度含义如下：

标度	含义
$c_{ij}=1$	表示 i 元素与 j 元素相比，具有相同重要性
$c_{ij}=3$	表示 i 元素与 j 元素相比，前者比后者稍微重要
$c_{ij}=5$	表示 i 元素与 j 元素相比，前者比后者一般重要
$c_{ij}=7$	表示 i 元素与 j 元素相比，前者比后者非常重要
$c_{ij}=9$	表示 i 元素与 j 元素相比，前者比后者极端重要
$c_{ij}=1/3$	表示 i 元素与 j 元素相比，后者比前者稍微重要
$c_{ij}=1/5$	表示 i 元素与 j 元素相比，后者比前者一般重要
$c_{ij}=1/7$	表示 i 元素与 j 元素相比，后者比前者非常重要
$c_{ij}=1/9$	表示 i 元素与 j 元素相比，后者比前者极端重要

例如：若您觉得“外部环境”比“公司治理”非常重要，则选 7；若您觉得“公司治理”比“外部环境”稍微重要，则选 1/3。

一、在第一层风险指标“集群供应链企业创新风险承受能力”下，本层指标重要性两两比较

指标	重要程度 1~9、1~1/9	指标
外部环境		公司治理

续表

指标	重要程度 1~9、1~1/9	指标
外部环境		财务状况
外部环境		风险经历及应对措施
公司治理		财务状况
公司治理		风险经历及应对措施
财务状况		风险经历及应对措施

二、第二层风险指标重要性两两比较

（一）“外部环境”层次下指标两两比较

指标	重要程度 1~9、1~1/9	指标
市场需求度		集群规模
市场需求度		集群内核心、配套企业比率
市场需求度		节点企业间信息共享比率
集群规模		集群内核心、配套企业比率
集群规模		节点企业间信息共享比率
集群内核心、配套企业比率		节点企业间信息共享比率

（二）“公司治理”层次下指标两两比较

指标	重要程度 1~9、1~1/9	指标
企业规模		职工技能水平
企业规模		管理人员所做决策科学程度
企业规模		高学历职工所占比重（本科以上）
企业规模		研发部门员工所占比重
企业规模		新产品研发成功率
企业规模		新产品研发周期
企业规模		协同创新能力
职工技能水平		管理人员所做决策科学程度

续表

指标	重要程度 1～9、1～1/9	指标
职工技能水平		高学历职工所占比重（本科以上）
职工技能水平		研发部门员工所占比重
职工技能水平		新产品研发成功率
职工技能水平		新产品研发周期
职工技能水平		协同创新能力
管理人员所做决策科学程度		高学历职工所占比重（本科以上）
管理人员所做决策科学程度		研发部门员工所占比重
管理人员所做决策科学程度		新产品研发成功率
管理人员所做决策科学程度		新产品研发周期
管理人员所做决策科学程度		协同创新能力
高学历职工所占比重（本科以上）		研发部门员工所占比重
高学历职工所占比重（本科以上）		新产品研发成功率
高学历职工所占比重（本科以上）		新产品研发周期
高学历职工所占比重（本科以上）		协同创新能力
研发部门员工所占比重		新产品研发成功率
研发部门员工所占比重		新产品研发周期
研发部门员工所占比重		协同创新能力
新产品研发成功率		新产品研发周期
新产品研发成功率		协同创新能力
新产品研发周期		协同创新能力

（三）“财务状况”层次下指标两两比较

指标	重要程度 1～9、1～1/9	指标
资产收益率		创新型产品盈利比率

续表

指标	重要程度 1~9、1~1/9	指标
资产收益率		利润涨幅
资产收益率		偿债能力
资产收益率		新产品研发费用比重
创新型产品盈利比率		利润涨幅
创新型产品盈利比率		偿债能力
创新型产品盈利比率		新产品研发费用比重
利润涨幅		偿债能力
利润涨幅		新产品研发费用比重
偿债能力		新产品研发费用比重

（四）“风险经历及应对措施”层次下指标两两比较

指标	重要程度 1~9、1~1/9	指标
经历风险种类		风险间隔时间
经历风险种类		风险相对规模
经历风险种类		对风险做出反应所需时间
经历风险种类		补救措施的科学程度
风险间隔时间		风险相对规模
风险间隔时间		对风险做出反应所需时间
风险间隔时间		补救措施的科学程度
风险相对规模		对风险做出反应所需时间
风险相对规模		补救措施的科学程度
对风险做出反应所需时间		补救措施的科学程度